쉬운 목회

쉬운 목회

발행 2023년 3월 9일

지은이 이춘복
발행인 윤상문
디자인 박진경, 표소영
발행처 킹덤북스
등록 제2009-29호(2009년 10월 19일)
주소 경기도 용인시 기흥구 동백동 622-2
문의 전화 031-275-0196 팩스 031-275-0296

ISBN 979-11-5886-272-5 03230

Copyright ⓒ 2023 이춘복
이 책은 저작권법에 따라 보호받는 저작물이므로 무단전재와 복제를 금지하며,
이 책의 내용의 전부 또는 일부를 이용하려면 반드시 저작권자와 킹덤북스의
서면 동의를 받아야 합니다.

※ 잘못된 책은 구입하신 곳에서 교환하여 드립니다.
※ 책 가격은 표지 뒷면에 있습니다.

 킹덤북스(Kingdom Books)는 문서사역을 통해 하나님의 나라를 확장하고, 한국 교회와 세계 교회를 섬기고자 설립된 출판사입니다.

쉬운 목회

이춘복 지음

킹덤북스
Kingdom Books

추천사

　제가 아는 이춘복 목사님은 사랑이 많으시고, 상대방을 배려하고 양보하는 분이시며, 만나면 만날수록 더 만나고 싶은 분이시다. 그러한 목사님의 삶이 목회 철학 가운데에도 고스란히 담겨 있는 이 책은 이춘복 목사님의 40년 목회 철학이 담긴 목회 간증서다. 성도들을 하나님이 맡겨주신 양으로 생각하고, 내 뜻대로 내 욕심대로 하지 않고, 내 뜻이 아닌 하나님 뜻대로 목회를 하면 하나님께서 하시기 때문에 쉬운 목회라고 한다. 목회의 영웅이 되려 하기보다, 열 명이 모이든지, 오십 명이 모이든지, 백 명이 모이든지, 천 명이 모이든지, 만 명이 모이든지, 하나님께서 맡겨주신 데로, 최선을 다해 성실히 일하면 하나님께서 붙잡아 사용하시고, 하나님께서 붙잡아 주시면 쉬운 목회 행복한 목회를 할 수 있다는 목사님의 목회 철학은 이 시대의 젊은 목회자들에게 큰 도전을 주는 메시지다. 본서는 신학생들과 이 시대의 젊은 목회자들에게 길잡이 같은 역할을 충실히 할 것이라 기대하기에 그리스도인이라면 누구나 한 번씩 읽기를 권하는 바이다.

이재서 총장(총신대학교 총장)

저의 영적인 아버지이자 참된 스승이신 이춘복 목사님의 『쉬운 목회』 출간을 진심으로 축하합니다. 저는 지난 20년 동안 이춘복 목사님 곁에서 목사님의 인격과 목회의 가르침을 보고 듣고 배우는 복을 누렸습니다. 이 책에는 저 혼자 알고 있기에는 너무 아까운 목사님의 인격과 가르침들이 고스란히 담겨 있습니다. 40년 목회 경험과 노하우가 간증 형식으로 잘 정리되어 있어서 술술 읽히면서도 큰 감동과 도전을 주고 있습니다. 후배 목회자들을 향해 애틋한 마음을 가지고 쓴 이 책을 통해 많은 목회자와 목회자 후보생들이 다시 한번 목양의 본질과 방법을 깨닫고 점검하는 계기가 되기를 바라며 적극 추천합니다.

윤영배 목사(남현교회 담임목사)

존경하는 신앙의 선배, 목회의 선배이신 이춘복 목사님을 만난 것은 하나님의 은혜요 큰 축복이라고 생각합니다. 그동안 목사님과 관계를 맺어온 성도들, 노회원들, 총회원들도 다 저와 같은 생각일 것이라고 여겨집니다. 30년 동안 함께 사역해 오면서 이춘복 목사님은 얼굴과 행동에 있어서 천부적으로 목회자이심을 느끼게 됩니다. 온화하시면서도 유우머 감각이 풍성하시며, 진솔하시고 추진력이 있으시며 어느 곳에서나 화합을 이루시는 분이십니다. 실력으로나 목회적 모든 분야에서 모범적이시고, 교회도 크게 부흥시키시고, 은퇴 후에도 사역이 넘치는 분으로 부러움의 대상입니

다. 이 책은 실천적 목회 사역의 현장에서의 생동감이 넘치는 살아 움직이는 열매라고 생각합니다. 앞으로 목회를 준비하는 목사 후보생들과 현장에서 목회하고 계시는 후배 목회자들과 은퇴를 준비해야 할 모든 분들에게 귀감이 되는 꼭 필요한 책이라고 생각하며 적극 추천합니다.

송홍도 목사(대한 예수교 장로회 총회(대신) 총회장)

금번 이춘복 목사님께서 후배 목회자들을 위하여 목회 교과서라고 할만한 책을 내놓으셨습니다. 신학 서적과 설교에 대한 책들은 많아도 목회 실제에 대하여 이렇게 구체적이고 실제로 목회에 적용할 수 있는 책을 만난다는 것은 결코 쉽지 않은 일입니다. 이춘복 목사님은 교계적으로 훌륭한 지도자요, 목회도 개척하여 대성한 분입니다. 그러기에 이 책은 이춘복 목사님의 40년 목회 경험에서 나온 이야기이기에 더욱더 값지다고 할 수 있겠습니다. 목회자라면 누구나 한 번쯤은 읽어야 할 책이라고 생각하며 이 책을 모든 목회자들과 목회 후보생들에게 기꺼이 추천합니다.

박병화 목사(합신 증경총회장)

이춘복 목사는 청교도 목회자들이 추구하는 거룩하고 순결한 영성과 청결한 양심 그리고 성도들과 목회자들의 모범이 되는 경건한 목회자의 삶을 살아왔다. 이 책에는 목회 현장에서 실제로 있었던 상황들을 우리의 모범이 되시고 삶의 주인이신 예수님의 삶과 인격을 실천하며 목회를 신실하게 한 저자의 삶과 인격을 만나볼 수 있다. 선한 목자 되시는 예수님의 모습을 닮은 은퇴 목회자의 회고록을 통해 선한 목자의 모습이 어떠한 것인가를 알게 되고 체험케 하는 소중한 계기가 될 것이다. 따라서 본서를 모든 목회자들과 신학생들 그리고 영적 지도자들에게 많은 유익을 줄 것으로 확신하여 기꺼이 추천하는 바이다.

송영식 목사(서광교회 담임, 서울한영대학교 겸임교수 Ph.D)

과연 어려운 목회를 쉽다고 말할 수 있는 목사가 얼마나 될까? 그런데 이춘복 목사님은 어려운 것을 쉽다고 말하는 역설적 목회자다. 왜 어려운 목회를 쉽다고 할까? 그가 정도(正道), 긍휼(矜恤), 진실(眞心)의 목양을 했기 때문이다. 이 책은 지난 40년간 척박한 목회 현장에 한 송이 꽃으로 봄을 오게 한 한 원로 목사의 진솔한 고백이다. 부디 한국 교회의 많은 목회자 후보생들이 이 책을 읽고 쉬운 목회의 원리를 찾아가길 소망하며 강력 추천한다.

이희성 교수(총신대학교 신학대학원 구약학)

여는 글

　목회 사십 년을 마감하면서 지난 목회를 회상해 보고자 회상의 글을 3부로 나누어서 쓰고자 한다. 1부는 쉬운 목회, 2부는 쉬운 성장, 3부는 쉬운 은퇴라는 주제이다. 처음에는 1부 2부 3부를 한 책으로 묶어서 내려고 했다. 그런데 원고를 정리하고 보니 분량이 너무 많아 한 권으로 출판하는 것은 다소 무리라 생각하고 출판사와 합의해서 두 권의 책으로 출판하기로 했다. 1권은 쉬운 목회 2권은 쉬운 성장 쉬운 은퇴다. 이 글을 읽는 많은 후배들이 목회에 조금의 도움이라도 되었으면 하는 간절한 마음으로 이 글을 쓴다.

　나는 총신대 신학대학원 졸업반 때 교회를 개척했고 하나님 은혜로 40년 동안 목회하고 원로 목사로 은퇴했다. 나의 40년 목회 여정을 간증 형식으로 이야기하면서 목회 철학을 나누고자 한다. 나의 목회 철학을 한마디로 요약하면 "쉬운 목회"다. 목회가 쉽다고 하니 교만하게 들릴 수 있다. 내가 만난 대부분의 목회자들은 목회가 너무 어렵다고 말한다. 내가 목회를 쉽다고 말한 것은 목회를 바르게 하면 쉽고 즐겁기 때문이다. 나는 목회를 하면서 성도들을 향해 늘 죄송한 마음을 가졌다. 성도들은 세상에 나가 고생을 많이 하는데 나는 너무 편하게 목회한다. 그래서 나는 항상 어떻게 하면 성도들을 편안하게 해줄까 어떻게 하면 기쁘게 해줄까 생각하며 목회했다. 측은하고 죄송한 마음으로 성도들을 대하니까 성도들이 측은하게 보이고 예쁘게 보였다.

그 결과 목회하면서 사십 년 동안 교회에서나 성도들 앞에서나 당회나 제직회를 하면서 한 번도 소리를 높이거나 얼굴을 붉히거나 화를 낸 적이 없다. 성도들에 비해 내가 너무 호강하고 있다고 생각되기 때문이다. 심지어 나는 집에서 단 한 번도 화를 내본 적이 없다. 아내가 나를 보고 사람도 아니라고 말한다. 나는 사람이 아니라 목사다. 목사가 어떻게 화를 낼 수 있는가? 어떻게 얼굴을 붉힐 수 있는가? 어떻게 욕을 할 수 있는가? 예수님의 십자가를 생각하면 결코 화를 내서는 안 된다.

나는 이런 생각을 했다. "후배들도 나처럼 목회하면 쉬운 목회를 할 수 있겠구나!" 후배들도 나처럼 목회하면 좋겠다. 목회가 정말 쉬운 것일까? 역설적이긴 하지만 나는 목회가 쉽다고 생각하며 사십 년 동안 즐겁고 행복하게 목회했다. 독자 여러분은 필자가 펴낸 글들을 읽다 보면 그 이유를 충분히 이해하게 될 것이다.

그동안 기도와 물질로 후원해 주신 남현교회 담임목사와 당회원들 그리고 부교역자들과 온 교회 성도님들에게 깊은 감사를 드린다. 또한 이 글을 쓰고 출판하는 과정에서 신실하게 기도해 준 동역자들과 친구들 그리고 원고 교정을 위해 많은 수고를 해주신 사랑하는 후배 송영식 목사와 킹덤북스(Kingdom Books) 대표 윤상문 목사와 출판사 직원들에게 감사를 드린다.

2023년 1월 15일
총신대학교 신학대학원 29회기 총동창회장
저자 이춘복 목사

쉬운목회

목 차

추천사   4
여는 글   8

1장 하나님의 양 목회   17

    01 양의 주인은 하나님   18
    02 헌신 예배는 5월에   21
    03 문제 집사님 집에 화재가   25
    04 문제 집사님의 어머니 권사님   27
    05 왜 내 마음을 몰라줄까?   29
    06 사랑할 의무밖에   31
    07 사랑이 없으면   33
    08 성도 삼십 명만 주시면   36

2장 작은 목회   39

    01 물량주의 침투   40
    02 세 가지 성공   43
    03 목회 비전   45
    04 어떻게 칭찬을   47
    05 오십보백보(五十步百步)   49
    06 지구라는 별   50
    07 목회 영웅   52
    08 부흥을 위해서는   54
    09 비교 의식의 노예   56

쉬운목회

10 뻥튀기 전도　　58
11 밀물처럼 썰물처럼　　60
12 사촌이 논 사면　　62
13 칭찬과 상급　　64

3장 만남의 목회　　65

01 목사와 장로는 부부　　68
02 건축위원장　　70
03 백억이나　　72
04 관계의 달인　　75

4장 손해 보는 목회　　89

01 내 차례가 되면　　91
02 물건은 비싸게　　94
03 지역 사회에서 인정을　　95
04 교회에 다시 나가겠습니다　　97
05 내가 갚아주마　　99
06 우리가 강자　　102
07 이겨도 져도　　104

5장 진실한 목회　　107

01 차량을 운행하지 않겠습니다　　109
02 지역을 떠나지 않겠습니다　　112
03 교회를 건축하지 않겠습니다　　114

04 다른 교회 알아보라고 말하지 않겠습니다　117
05 운전하지 않겠습니다　120
06 부목사들의 칭찬　123

6장 성실한 목회　125

01 자신에 대한 성실　128
02 고학으로 공부　130
03 군대에서 다시 시작　133
04 성경 공부 위해　135
05 자신에게 성실하세요　138
06 타자 3급 실력　140
07 목회에 성공하실 겁니다　143

7장 앞서지 않는 목회　145

01 일찍 죽는 게 낫겠다　147
02 하라는 일은 안 하고　150
03 인기 없는 목사　152

8장 짝사랑 목회　155

01 하나님 짝사랑　157
02 이 년만 배우게 해주세요　159
03 짝사랑만 할 수 있다면　164
04 목회 속앓이　166
05 할 일만 하면 됩니다　168

쉬운목회

06 목회 현장에 가면　170
07 정당한 일 그 이상의 일　171

9장 교회 사랑 목회　173

01 교회만 바로 세워질 수 있다면　175
02 기관이 나를 위해　177
03 교회가 나를 위해　179
04 바울의 고백　181
05 세 번째 지교회　183
06 대형 교회 횡포　185
07 교회만 세워질 수 있다면　187

10장 편애하지 않는 목회　189

01 작정 헌금 얼마나 나왔어요?　191
02 선거법 위반　193
03 부흥보다 평안　197

11장 위임하는 목회　199

01 장로에게　201
02 부교역자에게　203
03 설교를 시키는 이유　205
04 청년 담당 목사에게　207

12장 섬김의 목회   211

01 과일 깎기 시합   214
02 담임 목사님이 식사 준비를   216
03 섬김도 조심해서   218
04 저 최 상병입니다   221
05 졸병 주제에 교회를   223
06 무식한 신우회장   225
07 이 병장님! 제 기도도 처음이었습니다   228

13장 문제 삼지 않는 목회   231

01 목사님 딸입니다   233
02 찾아가지 마세요   236
03 문제를 문제 삼지 마세요   239

14장 예방 목회   241

헌금 설교 해야 할까?   243

15장 쇠, 스폰지, 물 목회   249

01 정관 개정   253
02 장로 안식년제   254
03 장로 정년   255
04 목사님 마음대로   258

1장

하나님의 양 목회

01

양의 주인은 하나님

그동안 목사님들과 대화를 나눠보면 대개 이렇게 말한다. 목회가 너무 어렵습니다. 심지어 목사의 *은 개도 안 먹습니다. 그런데 목회가 쉽다고 하니까 교만하게 들릴지 모른다. 그러나 목회는 분명 어떤 직업보다도 쉽다. 우선 목사는 출근 전쟁이 없다. 만원 전철을 타 보면 출퇴근이 얼마나 힘든지 알게 된다. 그러나 출퇴근은 아무것도 아니다. 회사에 가면 상사에게서 받는 스트레스, 동료들 간의 경쟁, 계속 치고 올라오는 후배들, 항상 긴장 속에 있다. 사실 성도들은 생존 경쟁에 시달리면서도 교회에 와서 물질로 몸으로 시간으로 봉사하며 섬긴다. 그런데 목사는 사례비를 받으며 믿음 생활하고 정년도 세상 직업 중 가장 많은 칠십 세다. 직업으로 보면 목사처럼 대접받고 목사처럼 존경받는 직업이 어디 있을까? 교회가 어느 정도 성장하면 가는 곳마다 존경받고 대접받으며 국내 그리고 해외를 수시로 드나든다. 그래서 목회를 가장 쉬운 것으로 생각하며 목회를 했다.

성도들을 바라보면 측은하게 보인다. 나는 너무 편하게 대접받으며 사역하는데 성도들은 너무 고생하며 봉사한다. 그래서 성도들이 열심히 안 해도 밉지 않고 순종 안 해도 밉지 않다. 목회가 왜 어려울까? 내 뜻대로 내 욕심대로 하기 때문에 어렵다. 내 뜻이 아닌 하나님 뜻대로 목회하면 하나님께서 하시기 때문에 쉬운 것이다. 벧전 5: 2절 말씀은 목회를 시작할 때 큰 도전을 받았던 성경 구절이다.

"너희 중에 있는 하나님의 양 무리를 치되 억지로 하지 말고 하나님의 뜻을 따라 자원함으로 하며 더러운 이득을 위하여서 하지 말고 기꺼이 하며"라고 했다. 누구의 양 무리인가? 하나님의 양 무리다. 내 양이 아니라 하나님께서 맡겨주신 하나님의 양이다. 하나님께서 그분의 양을 나에게 맡겼다면 두 가지를 생각해야 한다.

첫째, 양에 대해 결산을 해야 한다.
맡긴 것과 준 것은 완전히 다르다. 준 것은 반납하지 않아도 되지만 맡긴 것은 주인에게 반납해야 한다. 양이 만약 내 양이라면 주님과 결산하지 않아도 되지만 하나님께서 맡긴 양이기 때문에 결산해야 한다. "아무개 목사야, 내가 몇 명의 양을 맡겼는데 어떻게 돌봤느냐?" 나는 이 질문을 항상 생각하며 목회했다. 하나님께서 맡기신 양을 잘못 돌봐서 잊어버리면 책망은 당연하다.

만약 외출하면서 잠깐 어린 자녀를 맡긴다면 누구에게 맡기겠는가? 당연히 믿을만한 신실한 사람에게 맡긴다. 주님께서 나를 신뢰하시고 맡겨

주셨는데 잘 돌보지 못하는 것은 주님의 신뢰를 저버리는 일이다. 하나님께서는 나를 얼마나 사랑해 주셨는지 말로 표현할 수 없다. 교회를 개척하고 사십 년 목회하면서 엄청난 양들을 보내주셨다. 교회에 등록한 숫자로 따지면 장년부와 주일 학교 학생까지 약 만 삼천 명이 등록했는데 지금은 약 삼분의 일정도 남아서 섬기고 있다.

그 많은 양이 지금 어디에서 무엇을 하고 있는지 모른다. 물론 이사 때문에 다른 곳에서 신앙생활을 잘하고 있는 분들이 대부분이지만 믿음 생활을 중단한 분들도 너무 많다. 그렇다고 교회가 문제가 있어서 나간 경우는 드물다. 대부분이 개인 사정으로 나갔지만 나에게 맡겼던 양인데 끝까지 양육하지 못해 아쉬움이 많다. 하나님 앞에 설 때 칭찬보다 책망이 더 많을 것 같아 두렵다. 그래서 나는 양의 수보다는 양을 바르게 양육하는 데에 더 많은 관심을 가졌다. 사람들로부터 성공했다는 소리를 듣고 주님께 책망받는 것은 불행한 일이기 때문이다.

둘째, 내 마음대로 못 한다.
만약 양이 내 것이라면 내 마음대로 해도 된다. 양이 말을 듣지 않으면 지팡이로 때릴 수 있고 발로 찰 수 있고 팔아 버릴 수 있고 잡아먹을 수 있다. 그러나 하나님의 양을 임시로 맡고 있기 때문에 관리자로서 최선을 다해 돌볼 뿐 다른 권한은 없다. 목회에 문제가 생기는 것은 양을 내 것으로 생각하고 내 마음대로 해도 된다고 생각하기 때문이다.

02

헌신 예배는 5월에

　교회를 개척하고 여전도회를 조직했다. 그 당시 나는 35세의 강도사였다. 그런데 여전도회 회장이 사사건건 트집을 잡으며 내게 도전을 했다. 젊은 전도사를 골탕 먹이기 위한 고의적 행위로 보이는 행동을 일삼았다. 한 예로 뒷말은 보통이고, 아예 교인의 반을 데리고 나가버리겠다고까지 했다. 그리고 여전도회 월례회가 있는 주는 아예 교회에 나오지 않았다.

　여전도회를 조직하고 첫 임원회로 모일 때다. 임원회에 참석해서 설교해 주고 앞으로 1년 동안의 사업 계획을 잘 세우라고 지도해 주면서 첫 헌신 예배는 5월에 드리는 것이 좋겠다고 했다. 여전도회가 설립되었기 때문에 빨리 헌신 예배를 드리고 강사로 오신 목사님을 통해 성미(聖米: 거룩한 쌀을 드림.)를 드리는 것도 가르치는 게 좋겠다고 생각했다. 얼마 후 회장이 임원회에서 세운 사업계획서를 나한테 가지고 왔는데 헌신 예배를 7월에 드리는 것으로 계획되어 있었다.

분명 임원들이 있는 자리에서 5월에 드리라고 지시했는데 7월로 결정한 것이다. 임원들이 있는 자리에서는 아무 말 하지 않고 검토만 했다. 얼마 후 회장과 둘이 있을 때 조용히 부탁했다. "회장님! 헌신 예배 7월에 드리기로 계획한 것 다시 변경할 수 있지만, 다음부터는 제가 부탁한 대로 결정했으면 좋겠습니다." 그러면서 이유를 설명했다. "제가 임원들 앞에서 지시했는데 그것을 반영하지 않으면 질서가 무너져 교회가 어려워질 수 있습니다. 임원들 생각에 목회자가 지시할 때 순종하지 않아도 된다고 생각할 수 있습니다. 만약 내가 지시한 것이 시행하기 어렵다고 판단되어도 우선은 지시한 대로 결정해 놓아야 합니다. 그리고 회장님이 나에게 개인적으로 오셔서 말씀하시면 시정할 수 있습니다. 그래야 목회자에게 순종하는 것을 임원이나 회원들한테 가르칠 수 있습니다."

내 말을 들은 회장이 항의했다. "강도사님! 왜 여전도회 일을 간섭하세요? 여전도회 일은 여전도회에서 알아서 할 거예요." 그래서 누누이 설명했다. "교회의 모든 기관은 당회의 지도를 받게 되어 있습니다. 지금 우리 교회는 당회 조직이 없으므로 목회자가 바로 당회의 역할을 합니다. 총회 헌법에 보면 각 기관은 당회의 지도를 받아야 한다"라고 돼 있습니다.

그런데 그때부터 회장이 반항하면서 모든 일을 반대로 결정하고 돌아다니면서 목회자와 사모 흉을 봤다. 여전도회 월례회를 매달 두 번째 주에 했는데 월례회를 못 하게 하려고 두 번째 주에는 고의로 결석했다. 그러면 심방을 가서 달랬다. "집사님! 제가 아직 목회 경험이 적어서 그렇습니다. 잘

못한 것이 있으면 지적해 주시고 같이 협력해서 일했으면 좋겠습니다." 그리고 간절히 기도해 주고 온다. 그러면 다음 주부터 교회에 출석하다가 다음 달 월례회 때면 또 결석했다.

그러면 또 찾아가 달랬다. "집사님! 제가 부족한 것이 너무 많습니다. 잘못한 것이 있으면 용서해주시고 목회를 도와주시면 감사하겠습니다." 이 모습을 보다 못한 한 집사님이 내게 말했다. "그 집사님 댁에 그만 찾아가세요. 나가고 싶으면 나가라고 하세요. 그 집사 한 사람 없다고 교회가 문을 닫기라도 하나요. 한두 번도 아니고 도저히 못 보겠습니다."

잠자코 듣기만 하다가 이렇게 대답했다. "집사님, 교인들은 하나님께서 저에게 맡겨주신 양입니다. 하나님의 양을 어떻게 내 맘대로 합니까? 저에겐 주님의 양을 사랑할 의무밖에 없습니다. 제가 못 견딜 정도가 되면 주님께서 다른 곳으로 보내시겠지요. 저는 그 집사님이 변화될 때까지 열 번이던, 스무 번이던 계속 심방을 갈 것입니다. 결국 회장 집사는 교회를 떠났다. 감사한 것은 처음에 동요하던 교인들이 한 명도 따라 나가지 않은 것이다. 내가 진심으로 계속 방문하는 것을 보고 목회자의 진실을 알게 된 것이다. 만약 그때 기다리지 못하고 회장 집사님에게 나가려면 나가라 집사님 아니면 일꾼 없는 줄 아느냐 감히 목회자에게 도전하느냐 외면했다면 교인 반까지는 아니라도 삼분의 일은 따라 나갔을 것이다. 나는 최선을 다했기 때문에 하나님 앞에서 부끄러움이 없었다. 내가 감당할 수 없는 양이기 때문에 하나님께서 옮겨 주신 것으로 생각했다. 마지막으로 회장 집사 가정을 심방

해서 초대 여전도회 회장으로 섬겨주신 것을 감사했고 간절히 축복 기도를 해줬다. 그리고 교회 설립 3주년 기념 예배 때 불러서 초대 여전도회 회장으로 교회 성장에 기여한 공로로 감사패를 전달했다.

많은 목사님이 묻는다. "목사님! 목사님 교회는 은혜스럽다고 소문났는데 성도들이 다 순하고 좋지요? 속 썩이는 성도 하나도 없지요?" 절대 그렇지 않다. 교회는 언제나 문제가 있고 속 썩이는 사람도 있고, 감당하지 못할 것 같은 사람도 있다. 그러나 하나님의 양을 사랑할 의무밖에 없다고 생각하며 인내하면 감당치 못할 양은 하나님께서 보내신다.

03

문제 집사님 집에 화재가

집사님이 교회를 떠난 지 1년쯤 되었을 때다. 집사님 집에 불이 났고 큰 피해를 당해 어려운 상황에 처했다는 말을 듣게 되었다. "그렇게 목사님 속을 썩이더니 벌을 받았다"라며 수군거리는 소리도 들렸다. 그래서 제직회 때 말했다. "집사님 집에 불이 나서 어려움을 당하고 있다고 들었는데 성도 중에서 이상한 소리를 한다는 소문을 들었습니다. 하나님께 벌을 받아 불이 났다고 하는데 어찌 그런 말을 할 수 있습니까? 어려움 당하는데 위로해 드리고 도와 드리기는커녕 비판하다니 말이나 됩니까? 집사님 어려움 당한 것이 꼭 하나님께서 벌주신 것이라 단정하면 안 됩니다. 고난이 징계로만 오는 것은 아닙니다. 혹 하나님께서 벌주셨다 해도 우리가 어찌 집사님을 판단할 자격이 있습니까? 오직 판단하실 분은 하나님밖에 없습니다. 우리는 그 집사님을 도와드려야 합니다. 어려움 당하는 이웃을 돕는 것은 당연한 일입니다. 설령 원수라도 주리고 목마를 때는 도와줘야 하는데 집사님이 우리의 원수라도 되나요? 목회자에게 상처를 줬다고 하지만 나는 목회자인 내가 부족해서 그렇다고 생각합니다."

제직들을 설득해서 구제 헌금을 가지고 심방을 갔다. 집사님은 눈물을 펑펑 쏟으며 말했다. "제가 목사님 속을 하도 썩여서 벌 받았나 봐요." 제가 다니고 있는 교회에서는 도움은커녕 심방도 오지 않았습니다. "감격해하며 목사님만 괜찮다면 우리 교회로 다시 오고 싶다고 했다. 나는 극구 말렸다. 아닙니다. 집사님이 그 교회를 떠나시면 담임 목사님 마음이 얼마나 아프시겠어요?" 그냥 다니시던 교회에 계속 나가는 것이 하나님 보시기에 좋을 것 같습니다. 그 후 집사님과 좋은 관계가 되었고 계속 교제를 가졌다. 이 일로 인해 나이는 젊지만, 사랑이 많은 목사라는 좋은 소문이 나게 되었다.

04

문제 집사님의 어머니 권사님

그 집사님의 어머니는 신실한 권사님이셨다. 권사님은 멀리 다른 교회에 출석하고 계셨다. 그런데 권사님이 섬기시는 교회가 멀어서 우리 교회 설립 후 계속 새벽 기도에 나오셨다. 권사님은 하루도 빠지지 않고 새벽 기도 나오셨기 때문에 나는 집사람 하나 앉혀놓고 설교한 적이 없었고 집사람과 권사님 두 사람 앉혀놓고 오랫동안 새벽 기도를 했다. 감사한 것은 내가 전도하고 심방할 때 함께해주셨다는 것이다.

개척할 때 내 나이 서른네 살이었고 아이들이 세 살 두 살 연연 생이었는데 요즘처럼 어린이집이 없었기 때문에 맡길 곳이 없었다. 개척 교회는 축호 전도(집집마다 다니며 전도하는 것)와 심방을 많이 해야 하는데 아내는 아이들 때문에 같이 다닐 수 없었고 젊은 나 혼자 가정을 방문해야 하는데 하나님께서 권사님을 준비해 놓으신 것이다. 그렇지 않아도 권사님은 딸이 여전도회 회장 되는 것을 우려했다. 전에 있던 교회에서도 문제를 일으키고 나왔기 때문이다.

그러나 내가 진심으로 대하면 되겠지! 하는 마음으로 회장을 시켰는데 결국 그런 일이 일어난 것이다. 권사님에게는 딸만 둘이 있는데 여전도회 회장 했던 딸이 첫째 딸이고 둘째 딸은 믿음도 좋고 재정적으로도 넉넉했다. 어느 날 그 권사님이 작은딸에게 부탁했다. "네 언니가 남현교회 목사님 속을 얼마나 썩였니? 그런데도 변함없이 사랑을 베푸시는구나, 내가 많은 목사님들을 대했지만 그런 목사님은 처음이다. 요즘 그런 목사 찾기 힘들다. 너라도 목사님 교회에 가서 봉사하는 것이 어떻겠니?" 그 후 언니 대신 동생이 교회에 나와 봉사했고 목회에 많은 도움을 주었다.

그때부터 소문이 나기 시작했다. "남현교회 목사는 젊은 목사지만 좋은 목사, 사랑이 많은 목사다." 그 후 교회는 놀라운 부흥의 역사를 이룰 수 있었다. 주님 앞에서 나 자신을 생각해보면 세상에서 용서하지 못 할 일은 하나도 없다. 예수님께서 우리를 위해 무슨 일을 하셨는가? 하나님 영광을 버리고 이 세상에 오셔서 십자가 고난을 당하시고 몸 버려 피 흘려주셨다. 그런데 우리는 어떤 모습일까? 주님을 배반하고 또 배반한다.

만약 하나님께서 우리의 죄를 용서해 주시지 않는다면 어떤 일이 일어날까? 온전한 지체 유지하고 있는 사람 하나도 없고 죽어도 수백 번은 죽어야 한다. 팔이 범죄하면 팔을 잘라 버리고 발이 범죄하면 발을 잘라 버린다. 눈이 범죄하면 눈을 빼버리고 혀가 잘못하면 혀를 잘라 버린다. 생각만 해도 끔찍하다. 주님께서 다 용서해 주시는데 우리는 왜 그렇게 용서에 인색한지 모른다. 사랑과 용서의 힘은 미움과 폭력의 힘보다 강하고 결국은 승리한다.

05

왜 내 마음을 몰라줄까?

목회를 시작하면서 성도들에게 마음을 주고 진정으로 사랑하면 다 통할 줄 알았는데 그렇지 않았다. 목회를 하다 보면 상식적으로 이해가 가지 않는 별별 성도들을 다 만난다. 모든 일에 부정적이고 반대를 위한 반대를 하고 교회 곳곳에서 문제만 일으키는 성도도 있다. 그런 성도들을 보면서 처음에는 속상한 마음이 많이 들었다. 그리고 내 마음속에 이런 생각을 하게 되었다.

"왜 내 마음을 몰라주나 내가 얼마나 아끼고 사랑하는데." 그런데 기도하는 중에 하나님 아버지의 사랑이 생각났다. 그래 성도들은 다 내 자녀나 마찬가지이다. 성도를 사랑하되 "자식 사랑하듯 사랑하면 되겠구나"라고 마음을 먹었다. 그 후 성도를 사랑하되 자식 사랑하듯 사랑하며 목회를 하였다.

아버지의 자식 사랑은 일방적 사랑이다. 조건 없이 출산하고 조건 없이 양육하고 먹여준다. 조건 없이 입혀주고 학비를 제공해 주며 용돈도 주고 혼기가 되면 결혼 준비를 다 해준다. 자식에게는 주는 것이 기쁨이며 베푸는 것이 기쁨이다. 그런데 자식들은 어떤가? 일방적 사랑을 받고도 감사할 줄 모른다. 옷이 마음에 안 든다고 짜증을 부리고 반찬이 맛이 없다고 짜증을 부린다. 짜증 부릴 자격이 전혀 없는데도 짜증을 부린다. 하나부터 열까지 다 감사해야 하는데 불평한다. 그런데도 부모는 자식을 사랑한다. 나는 아버지 마음으로 성도들을 사랑하기로 했다. 나를 좋아하는 성도나 싫어하는 성도나 일방적으로 사랑하니까 기쁜 마음으로 목회할 수 있었다.

06

사랑할 의무밖에

나는 목회하면서 성도를 사랑할 의무밖에 없다고 생각했고 미움이라는 단어는 내 사전에 없어야 한다고 생각했다. 그리고 모든 사람을 어떤 경우든 사랑하기 위해 노력했다. 그 결과 교회를 개척하고 40년 동안 한 번도 얼굴을 붉힌 적이 없다. 제직회나 당회에서 그리고 성도들에게 큰 소리를 내지 않았고 혈기를 부리지 않았다. 당연히 가정에서도 화를 낸 기억이 없다. 아내는 나에게 사람도 아니라고 한다. 나는 사람이 아니라 목사다. 목사가 어떻게 화를 낼 수 있고 얼굴을 붉히며 혈기를 낼 수 있는가? 목사가 어떻게 다른 사람을 미워하고 용서하지 않을 수 있는가?

많은 사람이 말한다. "다른 것은 몰라도 이것만은 용서 못 하고 이것만은 용납할 수 없다." 그러나 그것까지도 용서하고 용납해야 한다. 용서하지 못할 일은 한 가지밖에 없는데 바로 진리 문제다. 성경의 무오설을 부인하든지 삼위일체 교리를 부인하던지 예수 외에도 구원이 있다고 주장하면 생명을 걸고 막아야 한다. 그러나 진리 문제 외에는 어떤 사람도 어떤 경우도 용서하고 용납해야 한다.

　요즘 목사들 너무 똑똑하다. 대학 나오고 총신대 신학대학원 나올 정도면 최고의 엘리트 목사다. 거기다 유학파 목사가 많고 박사 학위를 소지한 목사도 많다. 이 정도 실력이면 50-60년 전에는 신학교 학장 정도의 실력을 갖춘 분들이다. 문제는 실력은 있는데 사랑의 은사가 없고 신앙 인격이 없다. 여러분 스스로 생각해봐야 한다. 내가 과연 하나님께 무엇을 달라고 기도하고 있는가? 기도의 제목을 보면 대부분이 같다. 기도의 능력 말씀의 능력 신유의 능력을 달라고 기도하고 교회를 부흥시켜 달라고 기도한다. 그런데 사랑의 은사를 구하는 목회자는 거의 없고 바른 신앙 인격을 위해 기도하는 목회자도 많지 않다. 아무리 실력 있고 능력 있어도 사랑이 없으면 아무것도 아니다.

07

사랑이 없으면

사랑의 찬가를 잘 알 것이다. 문제는 그냥 지식으로만 알고 있다는 것이다.

> "내가 사람의 방언과 천사의 말을 할지라도 사랑이 없으면 소리 나는 구리와 울리는 꽹과리가 되고 내가 예언하는 능력이 있어 모든 비밀과 모든 지식을 알고 또 산을 옮길 만한 모든 믿음이 있을지라도 사랑이 없으면 내가 아무것도 아니요 내가 내게 있는 모든 것으로 구제하고 또 내 몸을 불사르게 내줄지라도 사랑이 없으면 내게 아무 유익이 없느니라 … 그런즉 믿음, 소망, 사랑, 이 세 가지는 항상 있을 것인데 그 중의 제일은 사랑이라"(고린도전서 13:1-3, 13).

이 말씀을 쉽게 풀어보면 이러하다. 내가 아무리 방언을 말하고, 천사 같은 말을 한다 해도 사랑이 없으면 아무것도 아니다. 내가 예언을 하고 모든 신학 지식이 있고, 산을 옮길만한 믿음이 있다 해도 사랑이 없으면 아무것도 아니다. 내가 전 재산을 팔아 불쌍한 사람들을 구제하고 내 몸을 불살라 죽는다고 해도 사랑이 없으면 아무것도 아니다. 믿음 소망 사랑이 세 가지는 항상 있는 것인데 그중에 제일은 사랑이다.

어떤 사람이 전 재산을 팔아 구제할 수 있고 어떤 사람이 다른 사람을 위해 자기 몸을 불사르고 죽을 수 있을까? 그런데도 사랑이 없으면 아무것도 아니라는 말씀이다. 사랑의 중요성을 이것보다 더 극단적으로 표현할 수 있을까? 사랑이 얼마나 중요하면 얼마나 사랑이 없으면 이런 표현까지 썼을까?

목회는 실력이나 능력만으로 하는 것이 아니다. 방법만 개발한다고 되는 것도 아니다. 목회는 오직 하나님이 하신다는 사실을 알아야 한다. 아무리 실력 있고 능력 있어도 하나님이 붙잡아 주지 않으면 실패할 수밖에 없다. 그러나 하나님이 도와주시면 실력이 부족하고 능력이 부족해도 성공적인 목회를 할 수 있다. 노회나 총회에 가보면 실력 있고 능력 있는 목회자들이 넘쳐난다. 행정도 법도 너무 잘 안다. "법이요, 법입니다" 외친다. 그러나 사랑 있는 목회자는 찾아보기 힘들다. 하나님은 지금도 실력 있고 능력 있는 목회자보다 사랑이 많은 목회자를 찾으신다.

실력과 능력으로 목회한다면 나는 목회를 결코 할 수 없다. 신학교 다닐 때 똑똑한 분들이 너무 많아 나는 항상 위축돼 있었다. 그분들은 걸어 다닐 때도 똑똑 소리가 날 정도이다. 너무 똑똑해서 교수님들조차 꼼짝 못 한다. 그래서 나같이 실력 없고 능력 없는 것이 목회할 수 있을까 생각하며 염려했다. 그런데 결과는 정반대로 나타날 때가 많았다. 그렇게 똑똑한 분들 목회 현장에 가니까 실패하는 경우를 많이 볼 수 있었다. 하나님께 맡기지 않고 내 실력 내 능력으로 목회를 하려고 하기 때문이다. 하나님께서 이렇게 말씀하신다. "너는 실력 좋고 능력 있으니까 내가 도와주지 않아도 되겠구나! 네 능력 네 실력으로 목회해 봐라."

많은 목회자가 내게 묻는다. "목사님은 어떻게 목회를 그렇게 잘하시나요?"

내가 목회를 잘한 것도 없지만 어떻게 해서 목회를 잘해 왔는지 설명이 안 된다. 단지 양은 내 양이 아니다. 양은 내 마음대로 못 한다. 사랑할 의무밖에는 없다. 어떤 사람도 어떤 경우도 끝까지 사랑만 하겠다는 마음으로 목회를 한 것뿐이다. 하나님께서 좋은 사람도 만나게 하셨고 필요할 때 필요한 것을 채워주셨고 지혜가 부족할 때 지혜를 주셨다. 하나님께서 왜 나같이 부족한 것을 사랑해주셨을까? 부족하지만 사랑으로 목회를 했기 때문이 아닐까 생각한다. 나는 사랑하는 흉내만 냈을 뿐인데도 하나님께서 사랑해주신 것이다.

08

성도 삼십 명만 주시면

　내가 교육 전도사로 있을 때 같은 교회에서 함께 사역하던 전도사님이 있었다. 신학대학을 다닐 때 학생회장 할 정도로 실력 있고, 능력 있는 전도사이다. 교육 파트 사역을 할 때도 자신만만 했고 불도저라는 별명이 있을 정도로 강하게 사역하여 교육 부서를 부흥시켰다. 그리고 내가 먼저 개척 교회를 시작할 때 조언도 많이 해 줬다. 본인이 만약 개척을 하면 2년 내에 자립하고 5년 내에 300명 교인 만들고 7년 내에 교회를 건축할 계획을 다 가지고 있다고 자신만만하게 이야기했다. 그 전도사는 내가 개척한 후 3년쯤 있다가 목사 안수를 받은 후 개척했는데 부흥이 잘 되지 않았다. 성도가 많고 교회가 커야 성공한 것은 아니지만 개척 교회를 못 면하고 어렵게 목회를 하고 있다. 오래전 목사님을 만났을 때 나에게 이런 말을 했다. "목사님! 목사님은 어떻게 그렇게 목회를 잘 하십니까?"

　내가 이런 말을 했다. "목사님! 목사님은 실력 좋고 자신감이 넘쳐서 하나님께서 도와주시지 않는 것 같습니다. 목사님을 낮추신 후에 더 크게 쓰시려고 준비하고 계신 것 같습니다." 조금만 더 인내하시면 하나님께서 역사하실 것입니다. 목회를 내 실력과 내 능력으로 하려고 한다면 쉽지 않다. 그러나 하나님께서 도와주시면 쉬운 목회를 할 수 있다. 나는 처음부터 큰 교회 목회를 생각하지 않았고 도시 목회도 생각하지 않았다. 실력 없고, 능력 없고, 경험 없기 때문에 시골에 내려가서 목회해도 과분하다고 생각했다. 교회를 개척하면서 하나님께 이런 기도를 했다. "하나님, 저는 예수 믿고 구원받은 것이 감사하며 목사 된 것은 더 큰 감사입니다. 더구나 나 같은 것이 주님의 몸 된 교회를 개척하는 것은 감격 그 자체입니다." 저는 실력 없고 능력 없어서 큰 교회는 생각지도 않습니다. "저에게 평생 성도 30명만 주셔도 불평하지 않고 감사하면서 목회하겠습니다. 한 영혼이 천하보다 귀한데 교회 개척보다 더 큰 축복이 어디 있을까요?" 그런데 하나님께서 도시에 교회를 개척하게 하셨고 교회를 크게 부흥시켜 주셨다. 얼마나 감사한지 모른다.

2장
작은 목회

01

물량주의 침투

"또 어떤 사람이 타국에 갈 때 그 종들을 불러 자기 소유를 맡김과 같으니 각각 그 재능대로 한 사람에게는 금 다섯 달란트를, 한 사람에게는 두 달란트를, 한 사람에게는 한 달란트를 주고 떠났더니 다섯 달란트 받은 자는 바로 가서 그것으로 장사하여 또 다섯 달란트를 남기고 두 달란트 받은 자도 같이 하여 또 두 달란트를 남겼으되 한 달란트 받은 자는 가서 땅을 파고 그 주인의 돈을 감추어 두었더니"(마태복음 25:14-18)

많은 분이 나를 보고 목회에 성공했다고 말한다. 다른 사람 보기에 눈에 보이는 성공이 있기 때문이다. 아내와 둘이 개척하여 40년 동안 목회하고 원로 목사로 은혜 가운데 은퇴했다. 개척부터 은퇴할 때까지 단 한 번의 분쟁이나 다툼이 없었다. 그리고 교회는 개척부터 40년 동안 주일 학교까지 약 만 삼천 명이 등록했다. 2009년 입당한 성전은 건평 삼천사백 평으로 좋은 자리에 최고의 시설을 갖췄다. 특히 체육관이 있어 농구 배구 족구 배드민턴 탁구 경기를 할 수 있으며 각종 문화 시설과 본당에 뮤지컬까지 공연

할 수 있는 시설을 갖추었다. 그러나 나는 목회 성공했다는 말을 들을 때 쥐구멍이라도 들어가고 싶은 심정이다. 물량주의적 가치 판단이기 때문이다.

오늘날 물량주의는 세상을 황폐화시키고 있다. 문제는 사탄이 물량주의를 교회에까지 침투시켜 교회를 황폐하게 만들고 있다는 것이다. 오늘날 목회자들의 관심은 어디에 있을까? "어떻게 하면 많이 모일 수 있을까? 어떻게 하면 크게 지을 수 있을까? 어떻게 하면 좋은 대우를 받을 수 있을까?" 목회자들이 모이면 서로 궁금해하는 것이 있다. "교인은 몇 명 모입니까? 교회 건물은 몇 평입니까? 1년 예산은 얼마나 되고, 사례는 얼마나 받습니까? 무슨 차를 타고 다니십니까?" 등이다.

문제는 물량주의적 가치관이 교회 지도자들에게까지 만연되어 있다는 것이다. 몇 년 전 우리 노회 장로님과 대화하는 가운데 노회 목사님에 대해 비판하는 소리를 들었다. "목사님, 아무개 목사님 분수를 너무 모르시는 것 같아요. 교인도 몇 명 안 모이는데 노회에서 발언은 제일 많이 해요. 자기 교회 목회도 잘 못 하면서 노회에서 무슨 말이 그렇게 많아요? 노회 일할 시간 있으면 목회나 잘하실 것이지, 노회 상납금은 쥐꼬리만큼 내면서 노회 돈을 제일 많이 쓰려고 해요. 노회 상납금 많이 내는 목사님은 가만히 있는데 뭐 잘났다고 발언을 많이 하는지 모르겠어요?"

그 장로님은 나를 생각해서 그런 말씀 하신 것을 안다. 나는 노회에서 상납금을 제일 많이 내지만 거의 발언하지 않기 때문이다. 장로님 말씀이 그럴듯하게 들린다. 교회도 부흥시키지 못하면서 무슨 노회 일을 하느냐? 그러나 그 장로님 마음에 물량주의적 가치관이 가득 들어 있다. 목회 성공의 기준을 몇 명 모이는지, 얼마나 많이 소유했는지에 두고 있다. 장로님께 말씀드렸다. "존경하는 장로님께서 그런 말씀을 하시니 민망합니다. 열 명 모이든지 백 명 모이든지 천 명 모이든지 하나님 뜻대로 목회하는 목회자가 성공한 목회자가 아닐까요? 몇 명이 모이던지 한 생명을 천하보다 귀하게 여기며 묵묵히 목회하시는 목회자가 성공한 목회자가 아닐까요? 마지막 날 주님 앞에 설 때 누가 칭찬 듣고 누가 책망을 듣게 될지 아무도 모릅니다. 큰 교회 목사나 작은 교회 목사나 이름 있는 목사나 이름 없는 목사나 똑같이 존경하고 섬기는 장로님들이 훌륭한 장로 아닐까요? 그렇지 않아도 교회가 작으면 목사들이 얼마나 스트레스를 많이 받는지 모릅니다. 그런데 장로님들까지 그렇게 평가하시면 작은 교회 목사들은 어떻게 하라는 것입니까? 장로님, 앞으로 목사를 판단할 때 세상 물량주의적 가치 판단으로 판단하지 않았으면 좋겠습니다."

02

세 가지 성공

내가 조금 전에 성공했다 소리를 들으면 쥐구멍에라도 들어가고 싶다고 했다. 그러나 한편으로 생각하면 나는 정말 성공한 사람이다. 물량주의적 가치가 아닌 영적 가치관으로 보면 세 가지 때문에 크게 성공한 것이다. 나는 이 세 가지 성공 때문에 40년 동안 변함없이 기쁨과 감사로 목회했다. 하나는 예수 믿고 구원받은 것이다. 또 하나는 목사가 된 것이다. 마지막 하나는 교회를 개척한 것이다.

'사랑은 아무나 하나'라는 가요가 있다. 그렇다면 예수는 아무나 믿나? 그렇지 않다. 하나님께서 창세 전에 택하시고 성령으로 거듭나게 하실 때 예수 믿고 구원받을 수 있다. 또 목사는 아무나 되나? 그렇지 않다. 호렙산에서 모세를 부르신 하나님께서 천에 한 명, 만에 한 명 부르셔서 기름 부어 세워주셔야 목사가 될 수 있다.

교회 개척 아무나 하나? 그렇지 않다. 주님의 몸 된 교회 주님께서 허락하지 않으시면 개척할 수 없다. 주님께서 특별히 택해 주신 목사만이 개척의 영광을 누릴 수 있는 것이다.

나는 불신 가정 그것도 유교 사상에 찌들어 제사를 일 년에 열세 번이나 지내던 가정에서 태어났다. 예수 믿기 불가능한 환경에서 예수를 믿게 되었고 목사까지 되었고 교회까지 개척했다. 나는 어릴 때 목사님은 거룩한 분으로 생각하여 화장실도 안 가는 하나님 동생 정도로 알았다. 내가 감히 목사가 된다는 것은 0.0001%도 생각하지 못한 일이다. 그래서 나는 목사 된 것 자체를 큰 성공으로 생각하며 감사했다. 이것은 목회를 크게 하느냐? 작게 하느냐? 하는 것과는 다른 차원의 성공이다.

특히 신학을 하면서 목사가 되면 시골에 가서 목회하려고 생각했다. 내 실력 내 능력 가지고 서울에서 목회한다는 것은 불가능하다고 생각했기 때문이다. 그러나 꼭 교회는 개척하려고 생각했다. 하나님께서 나 같이 부족한 사람을 예수 믿게 하시고, 목사로 불러 주셨는데 교회는 하나 세워놓고 가야지 하는 마음뿐이었다. 교회도 하나 세워놓지 못하면 하나님 앞에서 부끄러울 것 같았다.

03

목회 비전

나는 목회를 시작하면서 큰 비전을 가지지 않았다. 주님께서 맡겨주시는 대로 하는 것이 목회 비전이었다. 신학교를 다닐 때 다른 친구 전도사들은 몇 천 명 몇 만 명, 한국에서 제일 큰 교회 세계에서 제일 큰 교회 세계에서 제일 선교사를 많이 파송한 교회를 꿈꾸며 기도했다. 그러나 나는 항상 주님께서 주시는 대로 목회하겠다는 비전을 가지고 기도했다. 나 같은 것이 목회할 수 있다는 자체가 감사했기 때문이다. 교회를 개척할 때 이런 생각을 했다. 하나님께서 삼십 명만 보내 주셔도 평생 감사하며 목회하겠다. 몇 명을 주시던 지역을 떠나지 않고 개봉동에 뼈를 묻겠다.

나는 이렇게 많은 성도가 모이리라고는 생각지 못했고 큰 목회를 할 줄 전혀 생각하지 못했다. 설교할 때 성도들을 바라보면 기적이라 생각할 때가 많다. 나같이 못난 사람한테 설교 들으려고 어떻게 저렇게 많은 사람이 모일까? 모두가 하나님의 은혜다. 너무 소박한 생각으로 목회하고 성실하게 목회하니까 도와주신 것이다. 하나님께서는 주신 것 가지고 최선을 다

하는 사람, 성실하게 일하는 사람, 묵묵히 일하는 사람, 이런 사람을 붙잡아 사용하신다. 그리고 하나님께서 붙잡아 주시면 쉬운 목회 행복한 목회를 할 수 있다. 마지막 날 심판의 기준은 얼마냐가 아니라 어떻게 충성했느냐? 여기에 있다는 사실을 명심해야 한다.

04

어떻게 칭찬을

마태복음 25장의 달란트 비유는 잘 알려진 말씀이다. 다섯 달란트 맡은 자와 두 달란트 맡은 자는 주인으로부터 칭찬을 들었지만 한 달란트 맡은 자는 책망을 들었다. 다섯 달란트 두 달란트 맡은 자는 어떻게 해서 칭찬을 듣게 되었을까? 16절이 그 해답이다. 나는 16절 말씀에 큰 도전을 받고 이 말씀을 붙잡고 목회를 해왔다. 16절에서 다섯 달란트와 두 달란트 맡은 자가 어떻게 해서 칭찬을 들었는지 두 가지를 말씀하고 있다. 첫째는 바로 가서 - 즉각적으로 순종했다. 둘째는 그것으로 장사하여 - 주인이 맡겨 준 분량으로 충성했다. 다섯 달란트 받은 종은 다섯 달란트로, 두 달란트 받은 종은 두 달란트로 장사를 했다. 한 달란트 받은 종도 한 달란트로 열심히 일했다면 틀림없이 칭찬을 들었을 것이다. 그러나 한 달란트 받은 종은 다른 종이 받은 것과 비교하면서 불평했다. 똑같은 신분인데 왜 나에게만 적게 맡기는가?

주님께서는 우리에게 달란트를 맡기실 때 주님께서 정하신 분량대로 맡기신다. 달란트의 분량을 정하는 것은 우리가 아니라 주님이시다. 우리는 맡기신 분량대로 충성하면 된다. 그 증거로 다섯 달란트 남긴 자나 두 달란트 남긴 자나 똑같이 칭찬하셨다. "착하고 충성된 종아 네가 작은 일에 충성하였으매", 우리의 상식으로는 이렇게 칭찬해야 한다. 다섯 달란트 남긴 자에게는 착하고 충성된 종아 네가 큰일에 충성하였으매, 두 달란트 남긴 자에게는 착하고 충성된 종아 네가 중간 일에 충성하였으매, 그런데 똑같이 작은 일에 충성하였으매라고 하시면서 칭찬하셨다. 우리에게 도전이 된다. 주님께서 보시기에는 다섯 달란트나 두 달란트나 한 달란트나 다 똑같이 작은 일이라는 뜻이다. 사람들이 생각할 때는 큰 차이가 나는 것 같아도 주님께서 판단하실 때는 다 작은 일이다.

05

오십보백보(五十步百步)

어떤 아이가 자기는 오십까지 셀 수 있다고 자랑했다. 그러자 옆에 있는 아이가 자기는 백까지 셀 수 있다고 우쭐거리며 뽐냈다. 다른 아이는 이백까지 셀 수 있다고 큰소리쳤다. 아이들로서는 큰 차이가 나지만 어른이 보기에는 오십보와 백보다. 옛날 우리가 어릴 때 구슬치기를 많이 했는데 구슬을 많이 모은 애들은 어깨를 펴고 다니며 뽐내었다. 나도 어릴 때 구슬치기를 했는데 딸 때보다 잃을 때가 많았다. 그런데 몇 개라도 따는 날이면 내가 마치 큰 부자가 되어 세상을 얻은 것 같은 기분이 들었고 기뻐서 잠도 제대로 오지 않았던 기억이 난다. 지금 생각하면 참 우스운 일이다. 구슬이 무슨 가치가 있다고 그렇게 귀하게 봤는지! 구슬 열 개나 백 개나 이백 개나 오십보백보인 것이다. 사람들이 세상에서 소유하는 것도 마찬가지다. 큰 부자가 되어 우리나라 제일의 부자가 된다 해도 하나님 보시기에는 너무 작다. 공부를 열심히 해서 박사 학위를 열 개 취득한다 해도 하나님 보시기에는 너무 작다.

06

지구라는 별

우리가 생존 경쟁을 하며 사는 이 지구만 해도 태양계에서 아주 작은 별일 뿐이다. 은하계에선 먼지 정도라고나 할까. 지구는 태양계에서 아주 작은 별이다. 지구에서 태양까지 가려면 시속 120km로 달리는 고속버스를 타고 한 번도 쉬지 않고 달려도 삼십 년이 걸린다. 한 살 때 고속버스를 타고 출발해서 한 번도 쉬지 않고 달리면 삼십 살이 될 때 태양에 도착할 수 있다. 그런데 빛의 속도인 광속으로 가면 팔 분밖에 걸리지 않는다. 고속버스로 30년 갈 거리를 광속으로 8분밖에 걸리지 않는 것이다. 지구가 속해 있는 태양계는 은하계라는 별의 세계에 속해 있고 태양계를 지나 은하계로 나갈 수 있다. 은하계는 수백억 개의 별들로 이루어져 있는데 그중 태양계가 있는 것이다. 은하계는 달걀을 옆으로 눕혀놓은 모양으로 타원형을 이루고 있다.

은하계를 통과하려면 빛의 속도로 이십만 년이 걸리고 세로로 지나갈 때 삼천 년이 걸린다. 광속으로 한 살 때 출발하면 이십만 살 때 은하계를 벗어날 수 있다는 것이다. 천체는 은하계가 끝이 아니다. 은하계 넘어 수도 헤아릴 수 없는 또 다른 은하계가 펼쳐져 있는 것이 천체다. 우주에서 지구는 먼지만도 못하다. 지구를 정복하고 다 차지한다 해도 하나님 보시기에는 아주 작다. 한국은 지구의 한쪽 자투리땅에 불과한데 한국 전체를 차지한다 해도 하나님 보시기에는 너무 작은 것이다. 그런데 조금 많이 가졌다고 어깨가 올라가고 조금 많이 안다고 목소리가 높아진다. 아무리 많이 가졌어도 하나님 앞에서는 작고 아무리 많이 알아도 하나님 앞에서는 작은 것이다.

07

목회 영웅

 목회도 마찬가지다. 열 명이 모이든지, 오십 명이 모이든지, 백 명이 모이든지, 천 명이 모이든지, 만 명이 모이든지, 주님 보시기에는 매우 작다. 그런데 조금만 많이 모이면 왜 마치 영웅이나 된 것처럼 생각하는지 모른다. 서울의 어느 교회는 몇 만 명 심지어 몇 십만 명이 모인다고 하지만 주님 보시기에는 작다. 그런 의미에서 교인이 많다고 교만하면 안 되고 교인이 적다고 낙심해서도 안 된다. 주님 보시기에는 오십보백보이다.

 요즘 신학생들이 생각하는 목회 성공은 대형 교회 목회다. 그리고 그 비전을 이루기 위해 어떻게든 대형 교회에 가서 배우려고 한다. 특히 요즘 후임 목사를 청빙하는데 일 순위가 대형 교회 부목사이기 때문에 더욱 대형 교회 부교역자로 들어가려고 한다. 그래서 소형 교회들은 부교역자 구하기가 힘들다. 모집 광고를 내도 작은 교회는 거들떠보지도 않고 서울을 조금만 벗어나도 가지 않는다. 안산에 있는 친구 목사 교회는 장년 이백 명 정도 모이는 교회인데 교육 전도사 모집 광고를 몇 번씩 내도 이력서가 안 들어온다. 대형 교회가 아니고 서울이 아니라서 지원자가 없는 것이다. 그런데 초대형 교회는 교육 전도사 모집에 백대일, 백오십대일의 경쟁률을 보인다. 모두가 물량주의에 물들어 있기 때문이다.

신학교에서 수련회 강사를 선정할 때에도 대형 교회 목회자를 초청한다. 교회를 개척해서 몇 년 만에 몇 천 명 모였다거나 후임으로 청빙 받아 갔는데 몇 년 만에 몇 천 명이 늘어났다거나 할 정도는 되어야 신학생들 간에 인기가 있다. 대형 교회 목사는 훌륭한 목사, 대형 교회 목사는 성공한 목사라는 등식이 상식화되어 있다. 우선 교회가 크면 여기저기서 강사로 초청받고 가는 곳마다 예수님처럼 대우받는다. 그렇기 때문에 수단·방법을 가리지 않고 대형 교회를 추구하는 것이다.

08

부흥을 위해서는

부흥을 위해서는 세상적 기업 운영 방법을 도입하는 교회들도 많다. 교구별로 경쟁을 시키고 교역자 간에도 경쟁을 시킨다. 교구마다 몇 프로씩 부흥시켜야 하는 책임을 주고 잘하면 수당을 주고, 못하면 사임해야 한다. 세상의 물량주의가 교회에 그대로 들어온 것이다. 나도 그렇게 할 수 있었고 유혹도 많이 받았다. 교회를 부흥시키기 위해 교역자 간에 경쟁을 시키고 성도들 간에도 경쟁을 시키는 것이다. 그러나 목회는 믿음의 방법으로 해야 한다. 나는 목회하면서 부교역자들에게 늘 이런 말을 했다.

> "나는 부흥보다는 평안을 원합니다. 부교역자를 모셔오는 것은 교회를 부흥시키기 위해 모셔오는 것이 아니라, 어떻게 하면 성도들을 잘 섬길 수 있을까 해서 모셔온 것입니다. 부교역자 간에 서로 경쟁하지 마세요. 부교역자들 간에 불화하면서 어떻게 성도들에게 화평하라고 할 수 있습니까? 부 교역자 일 때 서로 관계를 잘해야 합니다. 앞으로 일생 동역할 분들입니다."

목회 성공은 결코 급성장하는 교회를 만들고 대형 교회를 만드는 데 있지 않다. 엄격히 따지면 급성장하는 교회는 비정상적 교회다. 밭에다 씨를 뿌리면 싹이 나서 자라나고 꽃이 피어야 열매를 맺는데 밭에다 씨를 뿌렸는데 일주일 후에 가보니 열매가 주렁주렁 열려 있다. 이것은 비정상인 것이다. 내가 쉬운 목회 행복한 목회를 해온 것은 물량주의적 목회를 하지 않았기 때문이다. 몇 명을 주시던 그것은 하나님께서 하시는 일이다. 단지 하나님께서 맡기신 분량을 감당하며 최선을 다해 충성하면 되는 것이다.

09

비교 의식의 노예

나는 지금까지 비교 의식의 노예가 되지 않았기 때문에 쉬운 목회를 했다. 비교 의식은 열등감을 만들고 열등감은 사람을 불행하게 만든다. 연세대학교 학생이 휴학하고 재수를 한다. 왜 다른 학생들 노력해도 못 들어가는 좋은 대학인데 휴학을 하고 재수를 할까? 서울대 다니는 학생들에 대한 비교 의식 열등감 때문이다. 그러면 과연 서울대 학생들은 열등감이 없을까? 그렇지 않다. 서울대를 들어가도 합격점이 낮은 과에 다니는 학생들은 높은 과에 다니는 학생들에게 열등감을 가진다. 그러면 법대나 의대 다니는 학생들은 열등감이 없을까? 그렇지 않다. 수석 못하는 열등감이 있는 것이다. 수석 하는 학생들은 열등의식이 없을까? 그렇지 않다. 세계 제일이 되지 못하는 열등의식이 있다.

몇 년 전 최고의 수제들이 모이는 카이스트 대학에서 한 학생이 자살했다. 잊어버릴 듯하면 일어나는 사건이다. 고등학교까지는 계속 일 이등이었는데 대학에 오니까 자기보다 잘하는 학생이 너무 많은 것이다. 다른 학생들은 카이스트 대학 문 앞에도 못 가보고도 잘만 사는데 스스로 열등의식에 사로잡혀 극단적인 선택을 한 것이다. 여자들은 뭐니 뭐니 해도 미에 대한 열등의식이 심하다. 나는 왜 못생겼을까? 나는 왜 키가 작을까? 나는 왜 코가 납작할까? 나는 왜 눈이 작을까 하는 열등감을 갖는다. 그래서 성형 수술을 하지만 만족하지 못하고 계속 성형 수술을 하다가 성형 중독까지 걸린다.

심지어 목사님들 간에도 서로 비교하면서 열등의식을 갖는다. 오십 명 모이는 교회는 백 명 모이는 교회와 비교하여 열등의식을 가진다. 백 명 모이는 교회는 오백 명 모이는 교회와 비교하며 열등의식을 가진다. 그러면 오백 명 모이는 교회 목사님은 열등의식이 없을까? 그렇지 않다. 천 명 모이는 교회에 대한 열등의식이 있고 심지어 만 명 모이는 교회도 이만 명 모이는 교회와 비교하여 열등의식을 가진다. 서울에 있는 대형 교회 목사들에 대해 이런 말을 들었다. 사만 명 모이는 교회 목사가 스트레스를 많이 받는다는 것이다. 사만 명이나 모이는 교회가 왜 스트레스를 받을까? 오만 명 모이는 교회 목사님 때문에 스트레스를 받는 것이다. 아무리 큰 것 아무리 많은 것을 소유해도 비교 의식에 사로잡히면 만족이 없고 기쁨이 없다.

10

뻥튀기 전도

30년은 지난 것 같다. 당시 유행하고 있던 전도 방법은 '총동원 전도'였다. 총동원 주일을 정해놓고 온 성도들이 생명을 걸고 전도하는 프로그램이다. 교인 한 사람이 삼십 명 오십 명을 작정하게 만들고 총동원 주일날 한 번 교회에 나오게 만드는 것이다. 작정한 명수를 채우기 위해선 아이부터 어른까지 심지어 다른 교회 다니는 교인을 데려와도 괜찮다. 교회에서는 큰 상품을 준비해서 성도 간 경쟁력을 부추긴다. 많이 데려온 성도는 큰 상품을 주는데 TV, 냉장고, 금반지, 성지순례 등 큼직한 상품을 준비하고 어떤 교회는 자동차까지 상품으로 걸어놓는다.

내가 알고 있는 목사가 건물 지하를 임대하여 교회를 개척했다. 열심히 기도하며 전도했고 교회가 부흥해서 오십 명 정도의 교인이 모이게 되었다. 부흥을 열망하고 있던 목사님은 총동원 전도 주일을 계획했고 목표를 천 명으로 잡고 열심히 뛰었다. 그때 나는 이런 생각을 했다. '담을 그릇이 작은데 너무 큰 것을 담으려고 하면 어떻게 될까?' 오십 명 교인이 모이는 공간에 어떻게 천 명 교인이 들어올 수 있을까? 아무리 몇 부로 나눠 예배 드린다 해도 불가능한 일이다. 오직 부흥에만 초점을 맞추다 보니 이런 허망한 전도 방법을 사용하는 것이다.

11

밀물처럼 썰물처럼

　나에게도 많은 목사님이 총동원 전도 주일을 하라고 권면했다. 당시 안 하는 교회가 없을 정도로 한국 교회 전체를 떠들썩하게 만들었기 때문이다. 그러나 우리 교회는 몇 가지 이유로 안 하기로 결심했다. 세상 물량주의적인 방법이기 때문이다. 성도들에게 사행심을 불러일으키기 때문이다. 너무 많은 예산이 들어가기 때문이다. 다른 교회 성도까지 데려오는 것은 목회 윤리상 잘못된 것이기 때문이다. 실제 영혼의 열매가 없기 때문이다.

　성도들이 전도 대상자들에게 강조하는 것은 한 번만 와주세요. 오시면 좋은 선물을 드립니다. 한 번만 와 달라고 사정사정해서 데려온다. 전도 대상자들도 한 번 와서 선물 받아 가려고 온다. 물론 계속 출석하는 분들도 더러 있지만, 밀물처럼 몰려왔다 썰물처럼 빠져나간다. 그 많은 예산을 드려서 행사를 하는 데 열매가 없는 것이다. 그래서 나는 총동원 전도 방법을 뻥튀기 전도라는 이름을 붙였다.

나는 지금까지 목회하면서 성도의 숫자에 대해 꿈을 가져본 적이 없다. 내 목회 철학은 주시는 대로 목회하는 것이기 때문에 많이 맡기면 많이 맡긴 대로, 적게 맡기면 적게 맡긴 대로 목회를 하면 되는 것이다. 한 영혼이 천하보다 귀한데 목회하면서 열 영혼만 구원해도 세상을 다 얻는 것보다 귀한 것이 아닌가.

12

사촌이 논 사면

우리나라 속담에 사촌이 논 사면 배가 아프다는 말이 있다. 가까이 있는 사람이 나보다 잘되면 기분이 좋지 않다는 뜻이다. 한국 교회는 한 지역에 있는 교회들이 서로 앞서가려는 경쟁의식이 강하다. 서로 비교하면서 옆 교회가 앞서가면 마음이 편하지 않다. 목회자 간에도 서로를 외면하고 인사도 안 하고 지내는 경우가 많다. 나는 이러한 현실을 안타깝게 생각하고 우리 교회 가까이에서 목회하시는 목사님들을 강단에 모실 기회를 만들었다. 물량주의적 경쟁의식에 빠지지 않고 작은 목회를 추구했기 때문에 가능한 일이었습니다.

우리 교회는 해마다 일월 첫 주에 삼일씩 새벽 부흥회를 했다. 강사는 한 분을 모셔서 삼 일 동안 인도할 때가 있고 하루 한 분씩 세 분 모실 때도 있다. 몇 년 전부터 주위에 있는 목사님 중 세 분씩을 모시고 새벽 부흥회를 했다. 첫해는 우리 교회와 제일 큰 라이벌로 생각되는 교회 목사님들을 모셨고 몇 년 하다 보니 주위에 있는 개척 교회 목사님들까지 모시게 되었다.

처음 시작할 때 당회에 계획서를 제출했는데 장로님들이 우려했다. "목사님, 괜찮겠습니까?" 나는 나이가 많고 주위에 있는 목사님들은 젊은 목사님들이라서 혹 교인들 마음이 움직일까 염려한 것이다. 내가 장로님들을 설득했다. "장로님들은 일반 성도들보다도 믿음이 약하신 것 같습니다. 성도들이 이웃 교회 목사님 인물 번듯하고 설교 한 번 잘한다고 마음이 움직일 것 같습니까? 우리 교회 성도들 도리어 좋아할 것입니다. 이웃 교회 목사님 어떤 분인지 알고 지낸다는 것 얼마나 좋은 일입니까?"

초청했을 때 먼저는 주위에서 목회하는 목사님들이 감격해 했다. 바로 옆에 있는 라이벌 교회에서 초청할 줄은 생각지도 못했던 것이다. 강단에 서신 목사님들 중 저를 초청해 주신 교회도 여러 교회가 있었다. 지역에서 같이 목회한다는 것이 얼마나 귀한 만남인가? 하나님께서 맡겨주신 지역을 복음화 시키는 일에 힘을 모은다는 것은 너무 좋은 일이다. 이런 일은 비교 의식에 의한 열등감이 있는 목회자는 결코 할 수 없는 일이다.

작은 목회를 추구하면 쉬운 목회 행복한 목회를 할 수 있다. 중요한 것은 내가 작은 목회를 추구한다 해서 작은 목회를 하고 큰 목회를 추구한다 해서 큰 목회를 하는 것이 아니라는 것이다. 목회의 분량은 하나님께서 정하시고 우리는 그 분량대로 목회하면 된다. 분명한 것은 하나님께서 큰 목회를 추구하는 목회자보다 작은 목회를 추구하며 성실히 목회하시는 목회자를 찾으신다는 사실이다.

13

칭찬과 상급

그런 의미에서 농어촌 교회나 도시 미자립 교회에서 다섯 명, 열 명 교인 밖에 모이지 않지만 일생 동안 성실하게 목회하는 목회자가 있다면 주님께 칭찬과 상급을 받게 될 것이다. 나는 목회를 시작하면서 하나님께 이런 기도를 했다. "하나님! 교회가 크게 부흥되어서 제가 교만하다면 교회가 부흥되지 않게 하옵소서! 하나님! 교회를 빨리 건축해서 제가 교만하다면 교회를 건축하지 못하게 하옵소서! 하나님! 만약 교회가 부흥되어 건축할 수 있는 복을 주실 때 한 사람이라도 시험이 들면 교회를 건축하지 않겠습니다. 한 생명이 교회 건물보다 더 귀하기 때문입니다."

이와 같이 나는 큰 목회를 생각하지 않고 작은 목회 성실한 목회를 추구했기 때문에 쉬운 목회 행복한 목회를 할 수 있었다.

3장

만남의 목회

> "그 후에 바울이 아덴을 떠나 고린도에 이르러 아굴라라 하는 본도에서 난 유대인 한 사람을 만나니 글라우디오가 모든 유대인을 명하여 로마에서 떠나라 한 고로 그가 그 아내 브리스길라와 함께 이달리야로부터 새로 온지라 바울이 그들에게 가매 생업이 같으므로 함께 살며 일을 하니 그 생업은 천막을 만드는 것이더라"(사도행전 18:1-3)

인생 성공을 좌우하는 것은 여러 가지 요인이 있다. "어떤 가정에서 태어났는가? 어느 학교 출신인가? 인물은 어떤가? 실력은 어떤가?" 그러나 가장 큰 요인은 만남에 있다. 인생길에서 누구를 만나느냐?에 따라 인생 성공을 좌우하기 때문이다. 만남 중에서 제일 귀한 만남은 무슨 만남일까? 당연히 예수님과의 만남이다. 아무리 좋은 만남이 있다고 할지라도 예수님을 만나지 못하면 그 인생은 실패한 인생이다. 그러나 다른 만남이 부족해도 예수님과의 만남이 있으면 그 사람은 성공한 사람이다. 사람은 태어나자마자 부모님을 만나고 자라면서 친구를 만나고 공부하면서 스승을 만난다. 특히 배우자와의 만남은 예수님과의 만남 다음으로 가장 귀한 만남이다.

바울이 2차 전도 여행 중 마게도냐 지방에서 선교할 때 아덴을 떠나 고린도에 왔고 고린도에서 브리스가와 아굴라 부부를 만났다. 바울은 아굴라 부부와 동업으로 천막 만드는 일을 하면서 고린도 교회를 개척했다. 아굴라 부부는 바울을 만나므로 인생이 역전되었다. 만약 바울을 만나지 못했다면 평범하게 장막 만드는 일을 하면서 일생을 보냈을 것이다. 그러나 바울을 만나 같이 동역하므로 복음을 위해 크게 쓰임 받았고 성경에도 기록되는 영광을 얻었다.

사람은 누구나 좋은 사람 만나기를 원한다. 성도들 역시 좋은 목회자 만나길 원하고 목회자 역시 좋은 성도 만나기를 원한다. 특별 집회 때 평신도 강사를 모시고 간증을 들을 때 목사님들이 부러워한다. 평신도로서 일 년에 몇 백 명씩 전도하다니! "하나님은 왜 저런 집사를 우리 교회에 보내지 않고 저 교회에 보내셨을까?" 헌금 많이 하신 장로님이 간증할 때도 부러워한다. "왜 저런 장로님 우리 교회 보내지 않고 엉뚱한 교회로 보내셨을까? 우리 교회가 저런 장로님 만났으면 교회를 크게 건축할 수 있었을 텐데!" 하나님도 너무 하시지! 그러나 좋은 만남은 만들어진 상태에서 만나는 것이 아니라 만남 후에 만들어 나간다. 좋은 만남보다 중요한 것은 관계를 잘 가지는 것이다.

01

목사와 장로는 부부

한번은 우리 교회 장로님이 사직서를 가지고 찾아와 교회를 떠나겠다고 했다. 당시 교회 증축 문제로 장로님들 간에 의견 충돌이 있었던 때였다. 장로님들 간에 의견 충돌이 있으면 목사는 중간에서 이쪽 편을 들 수도 없고 저쪽 편을 들 수도 없고 샌드위치가 된다. 이쪽을 보면 왜 이쪽을 보느냐? 저쪽을 보면 왜 저쪽을 보느냐? 가만히 있으면 왜 가만히 있느냐? 처신하기 어렵게 만든다.

사표를 가져온 장로님은 젊었고 다른 장로님은 연세가 많으시고 증축위원장이시기 때문에 양보하라고 했는데 서운하게 생각하신 것이다. 장로님은 자기가 떠나야 목사님 마음 편하게 목회를 할 수 있기 때문에 조용히 교회를 떠나겠다고 말씀하셨다. 그 장로님은 전부터 나와 많은 일에서 부딪쳤다. 나는 재정을 후하게 사용하여 나누려 하고 장로님은 재정을 꼼꼼히 챙기고 아끼시기 때문에 재정을 지출할 때 마찰이 일어날 경우가 많았다.

나는 교회를 사임하겠다는 장로님에게 이런 말씀을 드렸다. "장로님! 저는 목사와 장로는 부부라고 생각합니다. 목사가 성도의 아버지 역할을 한다면 장로는 어머니 역할을 해야 합니다. 부부가 싸운다고 헤어지면 세상에 안 헤어질 부부가 어디 있겠습니까? 나는 장로님을 아주 잘 만났다고 생각합니다. 나는 재정 쓰기를 좋아하는데 장로님까지 그러면 우리 교회 재정은 바닥납니다. 또한 장로님은 재정 쓰기를 좋아하고 제가 재정을 못 쓰게 하면 제가 인심을 잃어서 어떻게 목회할 수 있겠습니까? 그런데 장로님은 재정을 아끼려고 하기 때문에 성도들에게 인심을 잃고 나는 쓰려고 하기 때문에 인심을 얻어 목회를 잘 할 수 있는 것입니다."

나는 장로님과 의견 충돌이 있다 해서 한 번도 미워한 적 없고 장로님이 나갔으면 좋겠다고 생각한 적이 없습니다. 좋은 장로님 만난 것을 하나님께 늘 감사하고 있습니다. "개척한 후 이 개월 되던 때 등록하셔서 장로가 되기까지 얼마나 수고를 많이 하셨습니까? 저는 장로님의 봉사 덕분에 개척 교회 하면서 선풍기 한 번 달아본 적 없고 난로 한 번 갈아본 적 없습니다. 장로님 도움으로 얼마나 편하게 개척했는지 모릅니다. 나는 장로님의 은혜 잊지 않고 장로님을 끝까지 사랑할 것입니다. 장로님께서 제가 정 미우면 사임하셔도 할 수 없지만 저는 끝까지 사랑할 것입니다." 그러자 장로님이 말씀하셨다. "목사님이 저를 정말 그렇게 생각하고 계십니까?" 당연하지요! 장로님은 알았다고 하면서 그만두겠다는 말을 철회했고 저는 장로님을 위해 간절히 기도해 드렸다.

02

건축위원장

몇 년 후 새 성전을 건축할 때 그 장로님이 건축위원장을 맡았고 교회 측 총책임자로 수고하셨다. 얼마나 꼼꼼하게 정확하게 일하시는지 나는 할 일이 없었다. 건축하는 동안 나는 일주일에 한번 정도만 현장에 갔다. 그러나 장로님은 아예 현장에서 살다시피 하면서 헌신하셨다. 장로님 건축 방면에 얼마나 은사가 많은지 성전 구석구석 공간 이용을 너무 잘했고 깔끔하게 마무리 하시므로 성전 건축에 크게 쓰임 받았다. 특히 교회 편에서 재정을 얼마나 절약했는지 모른다. 건축하는데 당시 시가로 350억이 들었는데 그 많은 재정을 집행하면서 속이려면 얼마든지 속일 수 있었고 몇 억 빼내는 것은 일도 아니었다. 그러나 얼마나 정직하게 바르게 하셨는지 한 번도 재정 착오가 일어나지 않았고 물건을 납품 받을 때는 몇 백 몇 천 만원씩 깎았다.

심지어 이런 소문이 났다. "남현교회는 건축위원장 때문에 원가로 납품하지 않으면 물건이 들어갈 수 없다." 장로님은 지금 교회 직원이 되어 사무장으로 섬기고 있다. 만약 장로님과 의견 충돌이 있을 때 관계를 잘못했으면 만남은 거기서 끝나고 만다. 서로 부딪친다고 헤어졌다면 이십 번 이상은 헤어져야 했다. 그러나 장로님과 나를 만나게 하신 분은 하나님이시다. 포용하고 인내하며 관계를 잘 가질 때 하나님께서 큰일을 하게 하신 것이다.

03

백억이나

　교회가 새 성전을 건축하고 2009년 5월 달에 입당했다. 새 성전을 건축하게 된 것은 장로님 한 분의 헌신이 컸다. 건축비가 당시 시가로 약 삼백오십억이 들었는데 장로님 한 분이 백억 정도를 헌금하신 것이다. 많은 목사들이 나에게 이런 말을 한다. "목사님! 우리 교회도 그런 장로님 한 분만 계셨으면 좋겠습니다." 장로님 1년만 꿔줄 수 없나요? 그렇게 말씀하시는 분들의 마음을 이해한다. 그러나 그 장로님은 처음부터 그렇게 큰 헌금 하실 형편이 아니었다.

　장로님은 남현교회가 이층 상가에서 개척하던 시절 등록했고 그때부터 예수를 믿어서 나에게 세례를 받고 장로까지 되셨다. 등록 당시 직장 다니다가 그만두고 막 사업을 시작한 때였다. 그런데 하나님께서 장로님을 크게 축복하셨다. 사업이 얼마나 잘 되는지 하늘에서 물질의 복을 쏟아붓는 것 같았다. 장로님은 감사하게도 평소부터 헌금을 잘하셨고 교회를 확장하는데도 큰 역할을 했다. 연말이 되면 보통 일억, 이억 어떤 때는 오억 이렇게 헌금하셨다. 그런데 나는 그 장로님에게 헌금에 대해 부담을 준 기억이 없다. 하나님께서 장로님을 축복해 주신 것을 감사했고 그런 장로님이 계신 자체를 감사했다.

한번은 장로님이 나를 찾아왔다. "목사님! 우리 교회가 너무 좁아서 넓혀야 하는데 옆에 있는 집을 사야 넓힐 수 있습니다." 그런데 장로님들과 성도들도 관심이 없는 것 같습니다. "목사님! 제가 얼마를 헌금하면 성도들이 도전을 받고 같이 헌금해서 옆집을 살 수 있을까요?" 그래서 제가 말씀드렸다. "집사님! (당시는 집사 때였다) 집사님께서 그런 마음 가지고 계신 자체가 너무 감사합니다. 내가 목회자인데 어떻게 얼마 헌금하라고 말할 수 있겠습니까? 얼마가 되던 집사님 감동되는 대로 하시면 감사하겠습니다."

몇 일 후 집사님이 찾아오셨다. "목사님! 이 헌금 헌금함에 넣어도 되지만 목사님에게 기도 한 번 받고 싶습니다." 그때 "집사님! 제가 봉투를 열어봐도 되겠습니까?" 허락을 받고 봉투를 열었는데 오억이 들어있는 것을 보고 깜짝 놀랐다. 그리고 물었다. "집사님! 이것 아내 집사님과 의논하고 가져온 것인가요? 혹시 의논하지 않았다면 가서 의논하고 오세요. 헌금하고 가정불화 일어나면 어떻게 합니까?" 집사님이 다음과 같이 말씀하셨다. "목사님! 당연히 아내에게도 말했지요. 말도 마세요, 우리 아내는 여자가 어찌 그리 통이 큰지요? 제가 오억 헌금한다고 하니까 이왕 하려면 더 많이 하는 것이 좋지 않겠어요?" 하고 말했습니다. 그래서 집사님의 가정과 사

03 백억이나 73

업을 위해 간절히 기도해 드렸다.

  그러나 나는 그 집사님을 이용해서 교회를 건축해야겠다는 생각을 가지지 않았다. 내가 강하게 권면했으면 교회 건축 10년 앞당길 수도 있었을지 모른다. 그러나 교회 건축에 대한 것을 말하지 않았고 집사님 같은 분이 계시다는 그 자체를 감사했다. 집사님은 장로가 된 후 스스로 교회를 건축해야겠다는 생각을 가지셨다. 나는 기대도 하지 않았는데 그분이 먼저 서둘러 교회 건축을 추진하신 것이다. 내가 건축에 대한 욕심보다 그분이 계신 자체를 감사했기 때문에 하나님께서 장로님을 감동하신 것이다. 대개의 사람들이 인간관계에서 실패하는 것은 너무 기대가 크기 때문이다. 어떻게 해서라도 상대방을 이용하여 자신의 목적을 이루려고 한다. 조급하게 기대하다 보면 기대에 어긋났을 때 불만이 생기고 결국 미워하게 되면 관계가 끝난다. 상대방을 이용하여 목적을 달성하려고 하면 처음에는 뭔가 이루어지는 것 같지만 결과는 나쁠 수밖에 없다.

04

관계의 달인

　세상에는 우연은 없다. 인생길에서 만난 사람은 모두가 하나님께서 만나게 해주셨기 때문에 좋은 만남이다. 그러나 만남을 좋은 관계로 이어가는 것은 자신의 역량에 달려 있다. 내가 사십 년 동안 한 번의 분쟁도 없이 평안하게 목회한 것은 모든 만남을 아름답게 가꾸어 나갔기 때문에 가능했다. 얼마 전 우리 노회에서 삼십 년간 같이 섬기신 목사님을 헌신 예배 강사로 모셨는데 관계라는 주제로 설교하시면서 이런 말씀을 하셨다. "제가 남현교회 이춘복 목사님을 안지가 삽십 년이 넘었는데 이춘복 목사님은 관계의 달인입니다."

　나는 그분이 왜 관계의 달인이라고 하는지 안다. 지금까지 살면서 한 사람도 관계를 나쁘게 한 사람이 없었기 때문이다. 교회 노회 총회에서 그리고 지역 사회에서 모든 사람과의 관계를 좋게 하려고 힘써왔다. 사람은 누구나 만나는 사람마다 좋은 관계를 유지하길 원한다. 그러나 원한다고 관계가 잘 되는 것은 아니다. 좋은 관계를 위해서는 네 가지가 꼭 필요하다.

나는 지금까지 이 네 가지를 지키기 위해 힘써왔다.

1) 만남은 하나님께서

세상에서 우연은 없다. 모든 만남은 필연에 의해 이루어지는 것이다. 부부의 만남도 자녀와의 만남도 하나님께서 주셨다. 장로님들과의 만남도 성도들과의 만남도 하나님께서 주셨다. 동창회에서 노회에서 총회에서의 만남도 하나님께서 주셨다. 나에게 필요 없이 만나게 한 사람은 하나도 없다. 그렇기 때문에 상대방을 대할 때 만남을 주신 하나님 대하듯 귀하게 여길 때 아름다운 관계를 가질 수 있다. 하나님께서 주신 만남을 내가 깨뜨려서는 안 되는 것이다.

2) 상대방을 유익하게

하나님께서 주신 만남을 아름다운 관계로 발전시키려면 상대방에게 유익이 되는 사람이 되어야 한다. 입장을 바꾸어 놓고 생각해 보면 안다. 만났다 하면 손해만 끼치는 사람과 어떻게 좋은 관계가 지속될 수 있을까? 나는 지금까지 살아오면서 항상 "어떻게 하면 다른 사람에게 유익을 줄까? 다른 사람을 즐겁게 해줄까?" 이런 생각을 하며 살았다. 물론 내가 할 수 있는 범위 안에서만 할 수 있지만 어떻게든지 다른 사람을 배려하고 편하게 해주기 위해 힘쓴 것이다.

부교역자들을 내 자녀같이

지금까지 같이 사역한 모든 부교역자들은 하나님께서 만나게 하신 분들이라 생각하고 자식처럼 대하며 어떻게 하던 길을 열어 주려고 힘썼다. 처음 목회를 시작할 때 하나님께 이런 기도를 했다. "하나님! 일생 동안 목회하면서 부교역자에게 다른 교회 알아보라 소리 한 번도 안하고 목회 끝나게 하여 주옵소서!" 그리고 그 기도를 지키기 위해 힘써왔다. 한 번 부교역자로 부임하면 오 년, 십 년, 십오 년 오랫동안 사역하고 교회를 개척해서 내보내든지 선교사로 파송을 시켰다. 물론 우리 교회보다 더 좋은 교회로 가길 원하면 언제든지 보내드렸다.

그동안 지교회를 설립했는데 설립할 때마다 선임 부목사를 보내 교회를 개척시켰다. 장로님들 가운데 이렇게 주장하는 분들도 있다. "목사님! 지교회 개척은 차례대로 선임 부목사를 내보내지 마시고 부목사 가운데 잘하시는 분을 골라 개척시켜야 하지 않을까요?" 그러나 나는 부족한 부분이 있더라도 선임 부목사를 차례로 개척시켰다. 순서를 깨고 늦게 부임한 부목사를 먼저 보내면 선임 부목사가 상처를 입게 되는 것이다. 은퇴하기까지 선임 부목사를 보내 일곱 개의 지교회를 설립했다. 땅 사고 교회를 지어주지는 못해도 건물을 임대해주고 차를 주고 이삼 년 동안 생활비를 준다. 그리고 개척할 때 따라가실 분은 따라가서 섬기라고 광고하며 권면한다. 일곱 개의 지교회 모두가 목회를 잘하고 있다. 아쉬운 것은 은퇴하기 전 열 개의 지교회를 개척하려고 했는데 일곱 개밖에는 하지 못했다.

임직 기념으로 교회를 설립

나는 "어떻게 하면 개척하는 목사들에게 조금이라도 더 혜택을 드릴까?" 생각했는데 교회에서 준비한 재정이 적어서 항상 안타까웠다. 그래서 이 문제를 가지고 기도했는데 하나님께서 좋은 아이디어를 주셨다. 바로 임직 식 때 교회를 설립하는 것이다. 임직 식을 하면 임직 자들이 돈을 내서 헌금도 하고 헌물을 드리기도 한다. 문제는 임직 때 헌금하라고 하면 "직분을 돈으로 사느냐? 나는 드리지도 받지도 않겠다"라고 말하는 사람도 있다. 그렇다고 헌신 없이 임직하면 직분을 가볍게 여기는 경향이 있다. 물질이 있는 곳에 마음이 있다는 말씀처럼 물질로 헌신해야 비로소 온전한 헌신이 된다.

하나님께서 이런 감동을 주셨다. "임직 식 때 임직 자들이 내는 헌금으로 교회를 개척하자." 교회에는 아무것도 안해도 괜찮다. "헌금 전액을 임직 기념으로 교회 설립에 쓴다면 얼마나 가치 있는 일인가? 하나님께서 얼마나 기뻐하실까?" 먼저 당회에 하나님께서 주신 마음을 말씀드렸고 전원 동의해 주셨다. 그때부터 임직 식을 할 때마다 교회를 하나씩 설립해 왔다. 임직할 때마다 약 칠십 명, 팔십 명씩 임직하기 때문에 이억 이상의 헌금이 나왔고 그 금액을 전액 교회 설립 비용으로 썼다. 물론 임직 자들이 낸 금액 가지고는 모자란다. 교회 경상비에서 최선을 다해 보태고 성도들이 정성껏 특별 헌금을 해서 교회를 설립했다.

특히 임직하신 분들이 기념으로 세웠기 때문에 더 많이 기도하고 관심을 가진다. 임직 자들 중심으로 본 교회에서 1부 예배를 드리고 지교회에 가서 열한 시 예배에 참석하기도 한다. 대개 개척 후 일 년 동안은 매주마다 이십 명 삼십 명씩 참석해서 안내로 혹은 대표 기도로 섬긴다. 처음 오신 분들은 교회가 너무 썰렁하면 등록하는데 부담을 느끼기 때문이다. 교육부서에서 기도회를 할 때 수양관에 가지 않고 지교회에 가서 기도하고 헌금하고 오는 경우도 있었다.

부교역자 훈련

남현교회는 부교역자들에게 가능한 이삼 년에 한 번씩 파트를 바꿔주므로 골고루 배우게 했다. 나의 목회 철학과 목회 운영을 다 배우게 해서 나보다 훌륭한 목회자로 키워서 보내는 것이 나의 목표였다. 그 결과 개척해서 나간 목사들 모두가 성공적으로 목회를 잘하고 있다. 그러면 이런 일들이 쉽게 이루어질까? 그렇지 않다. 연말이 되면 성도들 그리고 당회에서 얼마나 압력이 들어오는지 모른다. "어떤 목사님 능력이 없다. 내년에는 내보내야 한다. 왜 내보내지 않고 파트만 바꾸어 주느냐?" 그때마다 이렇게 말했다. "나는 처음 목회를 시작할 때 부교역자들의 길이 열릴 때까지 내보내지 않기로 하나님께 기도했습니다. 사역하고 있는 부교역자를 내보내고 새로운 교역자를 모셔다가 부흥하는 것보다 부흥이 좀 늦어도 그대로 모시고 있는 것이 좋습니다. 조금 덜하면 되지 않겠습니까? 부흥이 늦어도 저는 괜찮습니다. 부교역자들 부족한 것이 많지만 잘 키워서 보내는 것도 사명입니다. 부교역자들이 잘 되어야 한국 교회에 소망이 있지 않겠습니까? 이제는 중직 자들도 장로님들도 지쳤다. 우리 목사님! 아무리 말해도 부교역자들을 내보내지 않는다. 심지어 이런 소리까지 들려옵니다. 우리 교회는 부교역자들 훈련 장소인가? 목사님은 성도들 생각하지 않고 부교역자만 생각하는가? 우리 부교역자들은 철밥통인가?"

그러나 이제는 내가 도리어 큰 소리를 친다. "장로님! 지교회 목사들 부교역자로 섬길 때 처음에 못 한다고 내보내야 한다는 소리 얼마나 많이 했습니까? 그런데 지금 너무 잘하고 있습니다. 인내하면서 기다리면 다 잘할 수 있습니다. 현재 김포 남현교회, 인천 남현교회, 천안새누리 남현교회, 청나 남현교회, 한강 남현교회 , 하늘빛 남현교회, 시흥 남현교회 일곱 지교회 목사님들 얼마나 잘하고 있습니까?"

부교역자의 한계

내가 목회하면서 수많은 부교역자들과 동역했다. 그 부교역자들 다 마음에 들었을까? 그렇지 않다. 답답할 때가 많고 안타까울 때도 많았다. 몰라서 못하는 것은 그런대로 봐주는데 고의적으로 안 할 때는 마음이 상할 때도 있다. 그러나 모든 일을 이해하려고 노력했다. "부교역자들은 한계가 있다. 담임이 되면 다 잘한다. 아직 모르니까 그렇다. 앞으로 잘하도록 더 잘 가르쳐야 한다" 인내하면서 기다려주는 것이다.

그렇게 하니까 우리 교회를 떠난 후에도 나를 영적 아버지로 생각하고 섬기고 있다. 지교회마다 일 년에 한 번씩 설교하도록 모시고 행사가 있을 때도 꼭 초청하며 명절 때마다 찾아와 섬긴다. 나는 대우받으려고 그렇게 한 것은 아닌데 너무 감사한 일이다. 다른 사람을 유익하게 하려면 내가 손해 봐야 하고 욕심을 포기해야 한다. 그러나 분명한 것은 다른 사람 유익하게 하기 위해 손해 보면 하나님께서 더 좋은 것을 주신다는 것이다.

3) 상대방을 배려해 주어야 한다.

세상에는 나만을 위해 사는 사람이 있다. 상대방은 어떻게 되던 나만 유익되고 나만 편하면 된다. 그러나 그런 사람은 대인 관계가 좋을 수 없고 얼마 못 가서 관계가 끊어진다. 그러나 나 중심으로 살지 않고 상대방을 배려하며 유익하게 해주는 사람이 있다. 쉬운 일은 아니지만 믿음의 사람은 그렇게 살아야 한다. 예수님께서 그런 삶을 사셨기 때문이다. 예수님은 섬김을 받으려고 오신 분이 아니라 섬기려고 오셨고 자기 목숨까지 주시면서 섬김과 배려의 본을 보여주셨다.

세계 제일의 미인

나는 개인적으로 아내와의 만남을 하나님의 큰 축복으로 생각한다. 제 아내는 세계에서 제일 미인이기 때문이다. 아내가 세계에서 제일 미인이라고 말하니까 정신 나간 사람으로 보는 사람도 있다. 그러나 제 아내는 세계에서 단 하나밖에 없고 하나님께서 만나게 하셨다. 그렇기 때문에 아름답다고 생각하며 살았고 아름답다고 생각하니까 정말 세계에서 가장 아름답게 보인다.

나는 다른 사람 앞에서도 당당하게 아내가 세계에서 제일 아름답다고 말한다. 노회에서 동창회에서 소문난 애처가다. 항상 "어떻게 하면 아내를 기쁘게 할까? 어떻게 하면 아내를 편하게 할까?" 생각하며 산다. 그래서 그런지 결혼하고 45년째 살고 있는데 부부 싸움을 한 번도 하지 않았다.

나는 말을 통해 아내를 행복하게 해준다. 아내와 함께 길을 가다가 아름다운 꽃을 보면 이렇게 말한다. "명희 씨! 저 꽃 아름답지만 당신이 더 아름답습니다. 진짜 꽃은 당신입니다." TV에서 예쁜 여자가 나오면 이렇게 말한다. "명희 씨! 당신같이 아름다운 여자가 저기 나와야 하는데 왜 저런 여자가 나오는지 모르겠습니다. 당신이 저 여자보다 훨씬 예쁩니다." 아내가 음식을 하면 항상 너무 맛있다고 말한다. "당신은 신의 손을 가졌습니다. 당신 손만 가면 맛이 환상입니다." 아내를 말로 행복하게 해주는 것은 돈도 안 들어간다. 그런데 지혜롭지 못한 남편은 좋은 것 다 사다 주고 말 한마디 때문에 인심 잃는 경우가 얼마나 많은지 모른다.

아내를 위한 배려

나는 새벽 기도 끝난 후 누워서 조금 쉬었다가 일어나서 식사하고 출근한다. 식사는 대개 아내가 차려주지만 아내가 새벽 기도 끝나고 피곤해서 잠이 들면 깨우지 않는다. 도리어 아내가 잠이 깰까 봐 살짝 일어나 문을 살짝 열고 나와 아침을 차려먹고 출근한다. 아침 식사 때문에 사랑하는 아내의 단잠을 깨워서는 안 되는 것이다. 대개 가정에서 부부가 같이 식사를 할 때 목이 마르면 아내에게 떠다 달라고 한다. 그러나 나는 가능하면 내가 떠다 먹는다. 내가 해도 되는데 아내에게 굳이 시켜야 할 이유가 없다. 아내를 배려하고 편하게 해주기 위해 노력한다.

아이들이 중학교 다닐 때다. 가족이 같이 식사를 하면서 아이들이 엄마에게 불평을 했다. "엄마! 왜 새로운 반찬이 없어요? 반찬이 왜 그렇게 맛이 없어요?" 내가 아이들에게 말했다. "엄마는 아빠 애인이다. 엄마를 힘들게 하지 마라. 나는 엄마가 만든 반찬이 세상에서 제일 맛있다. 너희들 반찬 타박하려면 결혼해서 아내에게 해라. 다시는 엄마 힘들게 하지 마라."

하나님께서 만나게 해준 아내 행복하게 해줘야 하나님이 기뻐하신다. 아무리 다른 면에서 뛰어나도 가정이 행복하지 못하면 성공적인 목회가 힘들다. 가정이 행복해야 목회를 잘할 수 있다. 목사는 성도들을 행복하게 만들어야 하는데 가장 가까이 있는 아내 한 사람 행복하게 못 해주면서 어떻게 성도들을 행복하게 해줄 수 있을까? 내가 그렇게 하니까 아내도 나를 존경하고 세워주며 편하게 해준다. 나는 퇴근 시간이 항상 밤 11시였고 선교를 위해 해외에 나갈 때가 많았는데도 얼굴 한 번 찡그린 적이 없다. 지금까지 40년 동안 목회를 잘해 온 것은 좋은 아내를 만나게 해주신 하나님 은혜며 나를 언제나 존경하고 세워준 아내 덕분이다.

엄한 목사님

내가 교회를 개척하기 전 전도사로 섬기던 교회가 있었다. 목사님은 성격이 강한 분으로 부교역자들에게 조그마한 일에도 화를 내며 책망을 했다. 처음 부임해서 학생부를 맡아 사역했는데 너무 많은 책망을 들어 눈물까지 흘릴 때가 많았다. 많은 교역자들이 부임했지만 일 년 이 년을 견디지 못하고 사임했다. 그러나 나는 5년 동안이나 변함 없이 사역을 했다. 담임 목사님을 만나게 하신 분이 하나님이며, 모든 만남은 유익한 만남이라 믿고 사역했기 때문이다.

처음 일 년, 이 년은 힘든 사역을 했는데 그 후에는 담임 목사님께서 따뜻한 사랑과 배려를 해주셨고 진로 문제로 기도하고 있을 때 바른길로 인도해 주셨다. 당시 대학부 졸업을 앞에 놓고 학교에서 성적 장학생으로 미국 유학을 주선하고 있었는데 담임 목사님께서 아시고 강하게 막으셨다. 유학을 포기하고 총신대 신학대학원에 들어가면 등록금 문제를 해결해 주시겠다고 말씀하셨다. 대학부를 다른 교단 신학교에서 공부하고 있었기 때문에 신대원은 총신대 신학대학원에 진학하라는 권면이었다. 나는 담임 목사님 배려의 말씀을 듣고 유학을 포기하고 교단을 옮겨 총신대 신학대학원에 진학했다.

신대원 이학년 때 총신대 신학대학원이 합신대 신학대학원과 분리되는 아픔을 겪었다. 학내 사태로 수업이 중단되어 총신에서의 공부는 육 학기 중 삼 학기밖에는 공부를 못했고 삼 학기는 리포트로 대체했다. 그때 같은 교회에서 시무하고 있던 같은 반 전도사와 담임 목사님을 찾아가 합신으로 가겠다고 했을 때 목사님은 큰 책망과 함께 총신에 남아 있어야 한다고 권면해 주셨다. 그때 담임 목사님께서 만류하지 않았다면 틀림없이 합신 측 목사가 되었을 것이다.

개척 준비 훈련

5년 사역 후 교회를 개척했는데 담임 목사님께서 많은 도움을 주셨다. 재정적인 후원은 많이 받지 못했고 한 명의 개척 멤버도 배려하지 않았다. 그러나 기도를 많이 해주셨고 주일 낮 예배 대표 기도 때도 빼놓지 않고 기도해 주셨다. 그래서 나는 성천교회를 모교회로 생각했고 담임 목사님을 영적 아버지로 생각했다.

나는 마음이 여려 다른 사람 앞에 가서 말만 하려고 하면 눈물부터 났다. 그런데 담임 목사님은 항상 적극적이고 급하셨다. 목사님 밑에서 5년의 훈련을 통해 적극적인 목회를 배웠고 기도의 목회를 배웠다. 내가 목회를 잘 하도록 좋은 목사님을 만나게 하신 하나님께 늘 감사하며 목회를 했다.

개척한 후에도 계속 목회 멘토로 모시고 지도를 받았고 명절 때는 부교역자들과 함께 인사를 갔고 설날에는 세배를 드리며 용돈을 드렸다. 목사님 은퇴하신 후에도 부교역자들과 함께 인사드리는 것을 계속했는데 사모님이 먼저 소천하신 후에는 찾아뵙지 못했다. 아들 집에 계시면서 우리가 찾아가는 것을 부담스럽게 생각하셨기 때문이다. 그래서 소천하실 때까지 명절 때마다 며느리 통장으로 용돈을 붙여드렸다.

그렇게 섬기던 나를 목사님은 늘 감사하게 생각하셨다. "내가 목회하는 동안 그렇게 많은 부교역자가 있었는데 끝까지 찾아오고 용돈까지 주는 교역자는 이춘복 목사 하나뿐이다." 그러면서 내 목회를 위해 얼마나 기도를 많이 해주셨는지 모른다. 목사님 가족들까지도 저에게 감사하고 지금도 교제를 나누고 있다. 하나님이 주신 만남을 끝까지 아름답게 이어가는 것이다. 이러한 섬김을 하나님께서 기뻐하시고 저 또한 섬김을 받게 하셨다. 지교회 목사님들이 제 섬김의 모습을 보고 저를 똑같이 섬겨주는 것이다.

4) 변함없는 사람

세상 말로 변덕이 심한 사람은 좋은 관계를 가지기 힘들다. 좋을 때는 간이라도 빼 줄 것처럼 하다가 조금 서운하게 하면 바로 돌아서 버린다. 좋은 관계를 위해서는 좋아도 너무 좋아하면 안 되고 서운해도 너무 서운하게 대해서는 안 된다. 좋을 때나 나쁠 때나 항상 한 마음으로 한 표정으로 대해야 한다. 이것은 이론적으로는 쉬운데 실제 상황에서는 힘들기 때문에 더욱 노력하고 힘써야 한다.

이해할 수 없는 일은 오랜 기간 동안 좋은 관계로 있었지만 한두 번의 잘못으로 관계를 끊어버리는 경우다. "저 사람 상대할 수 없는 사람이야! 다시는 안 만날 거야!" 잘못된 생각이다. 관계를 오랫동안 가지다 보면 좋은 일도 있고 나쁜 일도 있다. 좋은 일이 열 번 있었는데 한두 번 나쁜 일이 있다 해서 관계를 끊는 것은 잘못된 일이다. 한두 번 서운해도 열 번 좋은 일을 생각하며 관계를 이어가면 다시 좋은 일이 찾아오게 되고 관계는 더욱

깊어지는 것이다.

　상대가 먼저 관계를 끊을 경우 같이 끊으면 똑같은 사람이다. 최선을 다해 관계를 회복하기 위해 힘쓰고 그래도 안 될 때 하나님께 맡겨야 한다. 그리고 그 사람을 위해 끝까지 기도해야 한다. 나는 어떤 환경에서도 먼저 관계를 끊은 적이 없다.

　사람은 만나면 만날수록 더 만나고 싶은 사람이 있는 반면 만나면 만날수록 싫어지는 사람이 있다. 여러분은 어떤 경우든지 만나면 만날수록 더 만나고 싶은 사람이 되어야 한다. 지금까지 많은 분들을 만났고 앞으로도 많은 분들을 만나게 된다. 이 만남들을 아름답게 좋은 관계로 가꾸어 나가는 것은 여러분 몫이다. 우리 모두의 만남은 우연한 만남이 없고 하나님께서 주신 만남이기 때문이다. 현재 여러분 곁에 계신 분들 그리고 만나고 있는 분들 모두가 하나님께서 만나게 하신 귀하고 귀한 분들이다.

4장

손해 보는 목회

고전 10:31 "그런즉 너희가 먹든지 마시든지 무엇을 하든지 다 하나님의 영광을 위하여 하라

10:32 유대인에게나 헬라인에게나 하나님의 교회에나 거치는 자가 되지 말고

10:33 나와 같이 모든 일에 모든 사람을 기쁘게 하여 자신의 유익을 구하지 아니하고 많은 사람의 유익을 구하여 그들로 구원을 받게 하라."

사람이 제일 못하는 것이 하나 있다면 자기 권리를 포기하는 일이다. 얼마든지 누릴 수 있고 자리를 차지할 수 있는데 포기하고 손해 보는 것이다. 모든 일에 손해를 보면 쉬운 목회를 할 수 있다. 목사님들 대부분은 순수하고 양보도 잘하고 이해도 잘한다. 그런데 노회나 총회에서 보면 싸우고 미워하고 용서하지 않는 목사 장로들이 있다. 한번 틀어지면 끝까지 용서하지 않는다. 특히 중요한 직책을 맡으려고 암투가 얼마나 심한지 모른다. "어찌 목사 장로들이 저럴 수 있을까?" 이해하지 못할 일들이 많다. 목사가 용서하지 않고 어떻게 성도들에게 용서하라고 설교할 수 있을까? 목사가 양보하지 않고 어떻게 성도들에게 양보하라고 설교할 수 있을까? 설교는 잘하면서 자신은 지키지 못하는 분들이 많다.

01

내 차례가 되면

교회 개척하고 십 년 정도 지났을 때다. 시찰회 선배 목사님이 시찰회 임원을 맡아 섬기라는 권면이 있었다. "목사님! 이번 회기부터 회계를 맡아주세요. 교회도 부흥되었고 임원할 때가 되었습니다. 나는 정중하게 거절했다. 목사님! 나는 아직 부족해서 감당하기 힘들 것 같습니다. 다른 목사님 시키는 것이 좋겠습니다. 목사님! 임원하실 분이 없어서 시키는 것이 아니라 교회를 보고 특별히 시키는 것입니다." 결국 한 주간 기도해 보고 결정하겠다고 했다.

"목회도 바쁜데 시찰일까지 해야 하나? 시찰회비 내고 참석하는 것도 어쩔 수 없이 의무로 하는 것인데! 불평이 나왔다. 감당할 능력이 없는 게 아니라 맡을 생각이 없었다. 집에 와서 이 문제를 가지고 기도하는데 마음속으로 이런 음성이 들렸다. 이 목사야! 너만 목회하냐? 너만 바쁘냐? 임원 목사님들 다 목회하고 바쁜데도 시찰을 위해 봉사하는 것이다." 이 음성을 하나님의 응답으로 듣고 이런 결정을 했다.

"앞으로 시찰회든 노회든 내가 봉사할 차례가 돌아오면 성실하게 봉사한다. 그러나 선배들보다 앞서 나가지는 않는다. 양보할 수 있는 경우는 무조건 양보하고 특히 경선할 경우에는 무조건 양보한다." 그리고 그 규정을 지금까지 지켜오고 있다. 당연히 내가 할 차례가 되어도 될 수 있으면 양보하기 위해 힘썼다. 내가 직책을 맡았을 때 한 사람이라도 서운한 마음을 가진다면 맡지 않겠다는 마음을 가진 것이다.

한번은 시찰회에서 나를 노회 임원으로 추천하려고 했다. 문제는 나보다 선배 목사님이 계시다는 것이다. 내가 먼저 임원이 되면 그 목사님 얼마나 서운하실까? 교회가 부흥되고 규모가 있다고 노회 임원 빨리 시키려고 했지만 끝까지 거부했고 결국 선배 목사님 먼저 시키고 이년 후 노회 임원을 맡게 되었다. 그렇게 양보를 하다 보니 교회 규모가 큰데도 육십삼 세가 되어서야 노회장이 되었다.

내가 양보하고 희생해서 다른 목사님들 기뻐하시면 얼마나 좋은 일인가? 내가 이렇게 하니까 목사님들이 자꾸 높여 주려고 한다. 나는 안 올라가려고 하고 다른 분들은 올리려 하는 것 얼마나 아름다운 일인가? 그런데 다른 사람은 상처받던 말든 스스로 올라가려 하는 것은 덕이 되지 않는다.

노회장이 된 후 은퇴할 때까지 약 십 년 동안은 노회 총회 서북지역 노회협의회 GMS 총신대와 신학대학원 등 여러 곳에서 섬겼는데 많은 분들의 추천으로 생각지도 못한 중요한 일을 맡아 섬겼다. 충청협의회 대표회장, 서북지역노회협의회 대표회장, 이만교회운동본부 본부장, 총신대 신학대학원 총동창회 회장, 총신대 평의회 의장을 하면서 한 번도 내가 먼저 하겠다고 나서지 않고 모두가 강력한 추천에 의해 맡게 되었다. 임원부터 시작해서 단계를 밟아 올라가면 불가능한데 임원을 거치지 않고 바로 올라간 것은 내가 양보할 수 있는 것은 다 양보했기 때문에 하나님께서 속전속결로 이루어주신 것이라 믿고 있다.

내가 왜 이런 마음을 가질 수 있을까? 예수님을 생각하기 때문이다. 예수님께서는 하나님 영광을 버리고 이 땅에 오셨다. 그것도 말구유까지 낮아 지셨다. 그런데 내가 높아지려는 것이 말이나 되는 일인가? 예수님께서는 우리 죄를 용서하시려고 십자가까지 기꺼이 지셨는데 내가 용서하지 못할 일이 어디 있고 양보하지 못할 일이 어디 있겠는가? 예수님을 생각하면 낮아지고 양보하고 손해를 보며 평안한 목회 쉬운 목회를 할 수 있다.

02

물건은 비싸게

나는 어디 가서든지 물건을 살 때 가능하면 비싸게 사려고 한다. "이 물건 너무 싸게 파는 것 아닙니까? 손해 보고 파는 것 아닙니까?" 가능하면 더 주려고 한다. 내가 목사라는 것을 알고 싸게 주려고 하면 마음만은 감사히 받겠다 말하고 제 값을 주고 산다. 특히 우리 교인이 운영하는 식당이나 가게에 가면 아예 돈을 안 받으려고 한다. 내가 이렇게 말한다. "집사님! 이렇게 하시면 미안해서 다시는 이 식당 못 옵니다. 제가 편하게 계속 오도록 계산하게 해 주세요." 그래도 대접하고 싶다고 하면 이렇게 말한다. "집사님! 이번 한 번뿐입니다. 다음에 왔을 때는 계산하게 해 주세요" 하는 약속을 받고 대접을 받는다. 그렇게 하니까 우리 동네 가겟집에 가면 목사인 나를 좋아한다. 나를 좋아한다는 것은 하나님 영광이 나타난다는 것이며 전도 길이 활짝 열린다는 것이다.

03

지역 사회에서 인정을

우리 교회는 차량을 운행하지 않기 때문에 멀리서 오는 성도가 적고 가까운 지역에서 오는 성도들이 많다. 교회를 개척한 후 지역 전도에 힘썼는데 먼저 좋은 교회로 인정받는 것이 중요하다고 생각했다. 좋은 교회로 인정받으려면 구제에 힘써야 한다. 개척 교회 당시부터 지금까지 어려운 이웃을 돕는 일에 힘썼다. 요즘은 정부에서 생활 보호 대상자에게 기본 생활을 할 수 있도록 돕는다. 그러나 개척 당시에는 쌀이 없어 굶는 가정, 연탄이 없어 방에 불을 넣지 못하는 가정, 등록금이 없어 학교에 다니지 못하는 가정이 많았다. 교회에서는 언제나 쌀이 없어 굶는 사람 연탄이 없어 겨울에도 불을 넣지 못하는 가정이 있으면 도와줬다.

당시 교역자들과 구역을 통해 알게 되면 즉시 구제하도록 했다. 또한 장학위원회를 조직하여 등록금이 어려운 중학생 고등학생 대학생들에게 학기마다 장학금을 지급했다. 그 결과 차츰 좋은 교회로 소문이 나기 시작했고 소문은 전도로 이어졌다. 구제도 중요하지만 목회자가 지역 사회에서 인정받는 것이 중요하다. 목회자의 말 한마디 행동 하나하나가 지역 주민들의 주목을 받는다. 나는 언제나 웃는 얼굴로 지역 주민들에게 인사를 했고 상대방을 즐겁게 해주는 말을 했다. 중요한 것은 가겟집들인데 소문이 잘나가는 곳이기 때문이다. 가능하면 교회 가까이 있는 가게들을 이용했고 식당 역시 교회 가까이 있는 식당을 자주 이용했다. 음식점에 가면 맛있다고 칭찬을 많이 했고 가겟집에 가면 물건이 싱싱하고 싸다고 칭찬했다. 이발 역시 교회 가까운 곳을 이용했고 갈 때마다 칭찬을 해주었고 한 번 이용하면 단골을 바꾸지 않았다. 그 결과 지역 사회에서 목사님 좋다는 소문이 많이 났고 전도로 이어졌다. "교회 다니려면 남현교회 가라." 불교 신자가 한 말이다. 심지어 천주교 신자들이 전도를 해주었고 교회가 멀리 떨어져 있는 다른 교회 교인들이 전도를 해주었다.

04

교회에 다시 나가겠습니다

한번은 승용차를 타고 심방을 다녀오다 접촉 사고가 일어났다. 나는 직진을 했는데 갑자기 골목길에서 차가 나와 부딪친 것이다. 다행이 나도 서행을 하고 있었고 그 차 역시 서행을 했기 때문에 큰 사고는 면했다. 상대방의 차 앞부분이 약간 찌그러졌고 내 차는 옆 문짝이 찌그러졌는데 쌍방 과실로 문제 삼지 말고 각자 고치자고 했다. 그런데 상대방은 인정하지 않고 나보고 잘못했다고 하면서 수리비를 달라는 것이다. 합의가 안 된 상태에서 상대방이 먼저 파출소에 전화를 했고 경찰에 의해 파출소로 갔다.

파출소에서 나는 쌍방 과실로 하자고 했고 상대방은 자기는 잘못이 없다고 하면서 내가 책임을 져야 한다는 것이다. 결국 경찰서까지 가서 조서를 받게 되었는데 진술을 듣고 있던 형사가 이런 결론을 내렸다. "당신 잘못이 90%입니다. 직진 차보다 골목에서 나오는 차가 책임이 있는 것입니다." 상대방은 할 말을 잃어버리고 나를 바라보았다. 형사가 서로 합의하라고 해서 내가 상대방에게 제안했다. "내가 처음 쌍방 과실로 서로 고치는 것으로 말씀드렸는데 그대로 합시다." 그제서야 상대방은 나에게 감사하다고 하면서 문제 삼지 않고 서로 고치기로 합의하고 경찰서를 나왔다.

점심도 굶고 저녁도 굶어서 배가 고픈 상태였다. 그래서 식사나 같이 하자고 제안을 했는데 동의를 했다. 식사 중 서로 대화를 나누면서 내가 목사라는 것을 말했다. 상대방은 어쩐지 점잖으신 분으로 알았는데 역시 목사님이셨다고 했다. 자기는 대방동에서 큰 식당을 운영하고 있는데 차를 산지 보름밖에 되지 않은 상태에서 차가 찌그러진 것을 보니까 속이 상해 고집을 피웠다고 미안하다고 말했다. 식비는 자기가 내겠다고 했지만 내가 먼저 지불했다. 나오면서 이렇게 말했다. "목사님! 언제 시간 되시면 제가 운영하는 식당에 오세요. 잘 대접해 드리겠습니다. 그러면서 자기도 전에 교회 다닌 적이 있는데 중단한 상태에 있고 목사님 만나 뵌 것을 계기로 교회에 다시 나가겠습니다." 그래서 그 사람을 위해 사업을 위해 간절히 기도해주고 헤어졌다.

05

내가 갚아주마

나는 상대방이 나를 속이려 하면 그냥 속아준다. 내가 속아서 그 사람이 이익이 되고 기쁨이 된다면 속아주는 것이 은혜다. 나는 목회를 하면서 물질적 손해를 얼마나 많이 봤는지 모른다. 집사람이 나에게 이런 말을 한다. "당신 방식대로 목회하면 부흥이 안 되어야 하고 당신이 손해 보는 것 따져보면 재정이 바닥나야 한다. 그런데 교회가 부흥되고 재정이 채워지는 것을 보면 하나님께서 당신을 사랑하시는 것 같다." 하나님께서 나에게 늘 이런 말씀으로 위로해주신다.

"네가 나 때문에 손해를 보면 내가 더 풍성하게 갚아주마."

처음 교회를 시작할 때 건물 2층을 임대해서 시작했는데 교회가 부흥되어 도저히 수용할 수 없었다. 그래서 교회를 건축해야 하는 시점에 교회 가까이 있는 교회를 인수해서 들어갔다. 그 교회는 건물도 좋고 여건도 좋았지만 교회가 부흥이 안 되고 점점 교인이 줄어들어 운영이 어려워진 상태였다. 그 교회를 인수할 때 목사님이 나를 힘들게 했다. 충분한 값을 지불했고 목사님에 대해서는 따로 예우를 해드렸다. 그런데 예우 외에 어떻게든지 돈을 더 받아 가려고만 했다. 아무리 이해를 하려고 해도 못 봐줄 지경이었다. 장로님과 집사님들은 그 목사님에게는 돈을 한 푼도 더 주면 안 된다고 강하게 주장했다. "줄 돈 다 주고 인수했는데 왜 또 줘야 합니까? 받을 것 다 받아 가고는 무슨 염치로 또 달라고 합니까?" 심지어 그 목사님이 오셨을 때 목사님에게 따지고 덤벼드는 경우도 있었다. 그러나 나는 끝까지 그 목사님을 돕기 위해 힘썼다.

목사님은 내가 생각해도 속이 환히 다 드러다 보이는 주장을 했다. 인수할 때 모든 것을 다 인계하는 조건으로 돈을 지불했는데 추가로 요구하는 것이다. 본당에 있는 장의자는 이십 년이 넘은 것인데 값을 계산해서 달라고 했다. 온풍기 역시 십오 년이 넘은 것인데 온풍기 값을 따로 계산해서 달라고 했다. 행사 때 쓰는 천막도 십 년이 넘었고 한쪽이 찢어져서 창고 속에 박혀 있던 것인데 값을 계산해서 달라는 것이다. 눈 딱 감고 거절해도 되지만 하나하나 다 계산해서 드렸다. 당연히 당회에서 장로님들이 반대하고 재정부에서 반대했지만 설득하고 또 설득해서 지불했다.

나는 강자요 그분은 약자다. 그 목사님 일생 목회하면서 이룬 성전을 넘긴 것이다. 얼마나 마음이 아프셨을까? 더구나 군목으로 십팔 년 사역하고 전역하면서 나온 퇴직금을 다 쏟아 부어서 건축한 성전이다. 끝까지 돕고 좋게 마무리하려고 노력했다. 그 교회는 남현교회로부터 받은 재정으로 목사님 사위 되는 목사가 이어받아 개발 지역으로 가서 땅을 사서 교회를 건축했고 남현교회는 성전을 깨끗하게 리모델링하고 감격 속에 입당했다.

06

우리가 강자

6개월이 지났을 때 목사님께서 나를 찾아오셨다. "목사님! 영광교회는 사위가 담임을 맡기로 했습니다. 내가 아직 젊은데 이대로 끝내기는 아쉽습니다. 교회를 개척하고 싶은데 개척 자금을 후원해 주십시오. 지교회 하나 개척한다 생각하고 도와주시면 감사하겠습니다." 그 자리에서 거절해도 되지만 목사님께 상처가 될 것 같아 당회에서 의논해 보겠다고 했다. 기도하면서 생각했다. "지금까지 요구할 수 없는 것들을 요구해서 나를 얼마나 힘들게 했는가? 그런데 교회 개척까지 시켜달라니 말이나 되는가?" 그러나 기도하고 또 기도할 때 이런 마음이 들었다.

"목사님이 일생 이루신 교회 한순간에 잃어버리셨는데 얼마나 허전하실까? 지교회도 개척하는데 교회 하나 개척한다 생각하고 후원해 드리면 어떨까? 당회에 부탁했다. 목사님이 개척한다는데 후원하는 게 어떻겠습니까?" 당연히 강한 반대에 부딪쳤다. "우리가 지금까지 해준 것이 얼마인데 또 그런 요구를 하는 것입니까? 뭐 그런 목사가 다 있습니까? 염치가 있어야지요." 아무리 설득해도 반대를 해서 당회에서 통과하지 못했다.

다음 제직회 때 이 문제를 이야기했다. "우리는 건축한 교회에 그대로 들어와서 예배드리고 있습니다. 그러나 목사님 얼마나 마음이 아프시겠습니까? 우리가 마지막으로 교회 개척하는 데 돕는 것이 어떻겠습니까? 우리는 강자요 목사님은 약자입니다." 그때 장로님 한 분이 발언하려고 손을 들었다. 내가 강하게 제지시켰다. "장로님! 발언권 없습니다. 앉으세요. 당회에서 이미 말하지 않았습니까?" 제가 하도 강하게 말하니까 장로님이 발언하지 못하고 그대로 앉으셨다. 그대로 가부를 물었다. "목사님께 개척 자금 지원하는 것이 가하시면 '예' 하세요. 제직 회원들이 예하고 대답했다. 아닌 분들은 아니요 하세요." 다행히 장로님들이 가만히 계셨다. "개척지원금 지급이 통과되었습니다. 재정부장님! 지금 재정 잔고가 얼마 남았습니까? 현재 육백만 원 남았습니다(당시 육백만 원이면 요즘 사·오천만 원 정도 됨) 내일 당장 목사님께 육백만 원 송금하세요." 성도들은 내가 끝까지 도우려 할 때 반발도 하고 불평도 했지만 도와주는 일에 힘쓰니까 나중에는 성도들이 모두 인정했다. 손해 보면 다 망해야 한다. 그러나 믿음 안에서는 손해를 보면 손해 볼수록 더 큰 은혜와 복으로 돌아온다는 사실이다.

07

이겨도 져도

우리 교회는 여러 동우회가 있는데 그중에 체육동우회가 많다. 실내 체육관이 있기 때문에 족구, 농구, 탁구, 베트민턴 등 여러 가지 동우회가 활동을 한다. 부목사님 중 한 분이 체육을 잘하시는데 승부욕이 매우 강했다. 탁구 시합할 때 보면 지고 있을 때 감정 절제가 잘 안 된다. 얼굴이 붉어지면서 또 하자고 계속 도전을 한다. 내가 부목사님을 불러 주의를 줬다. "목사님! 탁구 시합이 올림픽이나 됩니까? 탁구가 생사를 걸 문제인가요? 우리가 생사를 걸 일은 영혼 구원과 진리 문제입니다. 시합에서 진다고 무슨 큰일이나 일어나요? 운동은 지고 이기는 게 중요한 것이 아니라 운동 자체가 중요하지 않습니까?"

나에게 죄송하다고 했다. 그러나 얼마 안 있어서 또 그런 모습이 보였다. 다시 불러서 말했다. "목사님! 전에 말씀드렸는데 아직 고치지 못했습니다. 목회자는 운동할 때 강한 승부욕을 가지면 안 됩니다. 목회자는 자기 감정을 절제할 수 있어야 합니다. 나는 지금까지 운동할 때 항상 기쁜 마음으로 합니다. 이기면 이겨서 좋고 지면 져서 좋습니다. 왜 지는 것이 좋을까요? 내가 지면 상대방이 좋아하기 때문에 좋습니다. 남이 기뻐하는 것을 보면서 기뻐하는 것입니다. 그래서 가끔 져주기도 합니다. 서로 기분 좋기 위해서입니다. 남을 배려하고 남을 기쁘게 하는 삶이 우리의 삶입니다." 몇 년 후 교회에서 세 번째 지교회를 설립하면서 목사님을 파송했다. 목회를 너무 잘하고 계신다. 나에게 이런 말을 했다. "목사님! 제가 목사님 밑에서 내공을 많이 쌓아서 어려움이 올 때 잘 이기고 있습니다."

> 고전 10:31 "그런즉 너희가 먹든지 마시든지 무엇을 하든지 다 하나님의 영광을 위하여 하라
> 10:32 유대인에게나 헬라인에게나 하나님의 교회에나 거치는 자가 되지 말고
> 10:33 나와 같이 모든 일에 모든 사람을 기쁘게 하여 자신의 유익을 구하지 아니하고 많은 사람의 유익을 구하여 그들로 구원을 받게 하라."

인생의 목적 세 가지가 나온다. 이 세 가지를 잘하면 믿음 생활에 승리하고, 덕을 끼칠 수 있다. 첫째는 하나님께 영광 돌리는 삶이다. 둘째는 다른 사람을 기쁘게 하는 삶이다. 셋째는 남을 유익하게 하는 삶이다. 이 세 가지를 깊이 생각하고 믿음 생활을 한다면 믿음으로 승리할 수 있고 목회자들은 쉬운 목회 성공적인 목회를 할 수 있다.

5장

진실한 목회

나는 설교와 행동이 같기 위해 무던히 힘써 왔다. 내가 한 말은 손해가 오고 궁지에 몰려도 어떻게든 지키려고 노력했다. 장기 목회는 설교로 하는 것도 행정으로 하는 것도 아니요 오직 진실과 성실로 한다. 목회자가 진실하지 못하면 성도들이 제일 잘 안다. 덕이 있고 진실한 목회자는 성도들이 존경하지만 한 번 신뢰가 떨어지면 회복하기가 어렵다.

남현교회는 제자 학교를 할 때 한 주에 성경 한 구절씩 암송한다. 그런데 지도자가 암송하지 못하면서 암송하라고 강요하는 것은 잘못이다. 한번은 바쁜 일정으로 암송하지 못하고 참석했다. 내가 이렇게 말했다. 이번 주는 인도하는 내가 암송하지 못했습니다. 여러분도 암송하지 않아도 됩니다.

나는 교인들에게 부끄러운 게 있다. 가정 예배를 제대로 드리지 못하기 때문이다. 그래서 성도들에게 가정 예배에 대해 강조한 적이 없다. 나도 드리지 못하면서 어떻게 드리라고 강조할 수 있는가? 물론 어떻게 내가 다 지키는 것만 강조할 수 있겠는가? 그러나 가능하면 먼저 본을 보이기 위해 최선을 다한다. 나는 개척하면서 하나님께 약속한 것이 몇 가지 있다. 이 약속을 성도들에게도 약속했고 40년 목회하면서 그 약속을 지키기 위해 최선을 다했다.

01

차량을 운행하지 않겠습니다

첫 번째 약속은 차에 대한 약속이다. "교회를 건축하기 전에는 교회 차를 사지 않겠습니다." 차보다 교회가 더 중요하기 때문입니다. 그런데 실제 목회를 해보니 차가 필요했다. 차를 산다 해서 뭐라 할 성도도 없었다. 도리어 많은 성도가 차 사기를 원했다. 그러나 내가 한 말을 지키기 위해 8년 동안이나 승용차는 물론 승합차를 사지 않았다. 그때 벌써 교인이 500명을 넘었는데 차 없이 목회한 것이다. 교회를 건축하고 성도들이 가장 먼저 요구하는 것이 차였다.

목사님 건축하면 차를 산다고 하셨으니 이제 사도 되지요? 나는 기꺼이 허락했고 처음으로 봉고 한 대를 샀다. 차를 사지 않겠다는 약속은 차량 운행을 하지 않겠다는 약속이다. 당시 교회마다 차량 운행을 당연한 것으로 여겼다. 특히 대형 교회들은 탄탄한 재정을 앞세워 대형 차량을 지역별로 몇 대씩 운행했다. 다른 지역에 있는 개척 교회 바로 앞까지 와서 교인들을 태워 간 것이다. 당시 명일동에 있는 교회에서는 개봉동까지 차량을 운행해서 교인들을 실어 날랐는데 두 시간 걸리는 거리다. 왜 이렇게 멀리까지 운행하는지 알아봤는데 개봉동이 아니라 수원 인천까지 운행한다는 것이다. 그렇게 모아서 몇 천 명 몇 만 명 이름을 내는 것이다.

나는 교회를 개척하고 목회하면서 성도들에게 이렇게 약속했다. "우리 교회는 앞으로 차 운행을 하지 않습니다. 차를 운행하면서까지 모셔오는 것은 하나님께서 기뻐하시지 않습니다. 이사 가신 성도들 스스로 오시면 몰라도 가까이에 얼마든지 교회가 있는데 차로 모셔오는 것은 잘못된 것입니다. 그 대신 가까이 있는 좋은 교회를 소개해드리면 됩니다. 목사의 욕심 때문에 성도들을 어렵게 할 수는 없습니다. 이사한 곳에서 교회를 정해야 모든 지역 교회가 골고루 성장할 수 있습니다."

그런데 많은 유혹이 있었다. "목사님! 차만 보내주면 남현교회 계속 나오겠습니다." 개척 교회를 하면서 성도 한 명은 100명의 성도나 마찬가지인데 멀리 이사하면 얼마나 마음이 허전하고 아픈지 모른다. 특히 중직자가 이사하면 더 마음이 흔들린다.

차량만 운행하면 올 수 있는데! 그러나 하나님과의 약속 교인들과의 약속을 지키기 위해 계속 운행하지 않았다. 차량 운행의 위기는 또 한 번 있었다. 새 성전을 건축하고 당회에서 요청이 있었다.

"목사님! 우리 교회는 지금까지 차량 운행을 하지 않았습니다. 그러나 이제는 필요할 때가 되었습니다. 새 성전을 건축했는데 부흥되지 않으면 운영이 되지 않습니다. 잘못하면 경매에 넘어갈 수도 있습니다. 차량 운행을 해서라도 교회를 부흥시켜야 합니다. 차량 운행 계획을 다 세워놨습니다. 목사님 허락만 떨어지면 바로 시행하겠습니다."

장로님들에게 말씀드렸다. "장로님들이 교회를 생각하고 기도하시면서 준비하신 것 감사하게 생각합니다. 인간적인 계산으로는 차량 운행을 해서라도 교회를 부흥시켜야 합니다. 그러나 교회 부흥은 인간의 노력으로 되는 것이 아니라 하나님 은혜로 됩니다. 차량 운행을 해도 하나님 보내주시지 않으면 교회 부흥 역시 어렵습니다. 차량 운행 안 해도 하나님께서 보내주시면 부흥할 수 있습니다. 차량 운행 안 하는 것은 제가 하나님과의 약속이요 성도들과의 약속입니다. 목사가 약속해 놓고 어렵다고 약속을 깨서야 하겠습니까? 비록 목회가 어려워진다고 할지라도 저는 약속을 지킬 것입니다. 혹 제가 은퇴한 후 후임 목사님은 차량 운행을 하셔도 됩니다. 그러나 저는 끝까지 약속을 지킬 것입니다." 결국 차량 운행을 취소했고 은퇴할 때까지 차량 운행을 하지 않았다. 남현교회는 주일날은 물론 새벽 기도까지 운행하지 않는다.

02

지역을 떠나지 않겠습니다

하나님께 약속하고 성도들에게 약속한 두 번째 약속은 이 지역을 떠나지 않겠다는 약속이다. 교회를 개척할 때 이런 기도를 했다. "하나님, 저는 이 지역에 뼈를 묻겠습니다. 교회가 부흥되어도 다른 지역에 가서 교회를 건축하지 않겠습니다. 교회가 어려워도 죽을 때까지 이 지역에서 목회하겠습니다. 혹 성전 건축이 늦어진다 해도 이 지역에서 성전을 건축할 것이며 혹 건축을 못 하고 상가 건물에서 일생 목회를 해도 지역을 떠나지 않겠습니다." 이 약속을 교인들에게도 했다.

당시 많은 교회가 새로운 개발 지역에 가서 교회를 건축했다. 현재 있는 지역은 오래된 지역이라서 부흥에 한계가 있다고 생각한 것이다. 당시 개발 붐이 일어나 서울 변두리에 신도시가 우후죽순처럼 일어나고 있었다. 목사의 욕심 때문에 그동안 교회를 세워온 성도들을 희생시키는 것은 잘못된 것이다. 만약 새로운 지역에 교회를 세우고 싶으면 그 지역에 부교역자를 파송시켜 지교회를 세우든지 담임을 사임하고 본인이 직접 그곳에 가서 교회를 세워야 한다.

    하나님께서 남현교회를 부흥시켜 주셨고 개척했던 상가 교회에서 불과 300-400m 떨어진 곳에 첫 성전을 마련했다. 첫 성전에서 놀라운 부흥의 역사를 이루었고 교회를 세 번씩이나 확장했다. 그때 목동에 있는 어느 교회에서 합병 제안이 들어왔다. 목동 좋은 자리에 교회를 건축했는데 운영이 어려워 경매에 넘어갈 위기에서 합병 제안이 들어온 것이다. 그때 합병 조건이 좋았고 우리 교회 재정 상태를 보면 무리 없이 합병할 수 있었다. 그러나 하나님께 약속하고 성도들에게 약속한 약속을 깰 수는 없었다. 다른 지역으로 옮겨 교회를 성장시킨다는 생각 자체가 하나님께 부끄럽고 성도들에게 부끄러운 일이다. 욕심을 내려놓으면 하나님께서 역사하시는데 욕심이 앞서고 계산이 앞서면 하나님께서 외면하신다. 하나님께서 인정하시고 하나님께서 도우시면 쉬운 목회가 되는 것이다. 하나님께서는 내 결심을 인정해 주시고 구성전에서 걸어서 15분 정도 떨어진 곳에 새 성전을 건축하게 하셨다. 너무 감사한 일이다.

03

교회를 건축하지 않겠습니다

교회를 개척할 때 몇 년 후 어떤 교회를 건축하겠다는 비전을 가지지 않았다. 상가 교회에서 일생 30명만 주셔도 성실하게 목회하려고 했기 때문이다. 나 같은 사람이 개척하는 것 자체가 감사할 일인데 감히 성전 건축은 생각지도 못한 것이다. 하나님께 이렇게 기도했다. "하나님! 저는 교회를 개척한 것 자체가 감사할 따름입니다. 일생 이곳 상가에서 목회해도 감사할 뿐입니다. 그러나 혹 교회가 부흥하여 성전을 건축하면 이 지역을 떠나지 않을 것이며 한 성도라도 시험에 들면 교회를 건축하지 않겠습니다. 한 생명이 천하보다 귀하다고 했는데 건물보다 한 성도가 더 귀하기 때문입니다."

당시 많은 교회가 무리하게 성전 건축을 해서 놀라운 부흥의 역사를 이루었다. 특히 새로운 개발 지역에 건축해서 교회 성장을 이룬 교회들이 많았다. 당시는 한국 교회 전도 황금시대라 해도 과언이 아닐 정도로 교회 건물만 좋으면 몰려들던 시대였다. 그래서 무리를 해서라도 교회 건축하는 것을 믿음 좋은 것으로 인정했고 안 하면 믿음 없는 것으로 봤다.

　문제는 건축한 후에 물질 때문에 문제가 생겨 성도들이 큰 상처를 받고 교회를 떠나는 경우가 많다는 것이다. 특히 건축한 후 재정 문제 때문에 목사가 사임하는 예도 많이 생겼다. 목사의 욕심 때문에 많은 성도가 상처받아 교회를 떠나고 사회적인 지탄 때문에 전도의 길이 막혔다. 건축할 힘이 없으면 건축하지 않으면 되는데 왜 무리하게 건축할까? 왜 지금 있는 교회도 채워지지 않았는데 확장해서 건축할까? 모두가 목사의 욕심이다. 잘못된 물량주의적 가치관으로 교회 부흥이 곧 목회 성공이라 생각하기 때문이다. 그래서 나는 교회를 건축하되 한 성도라도 상처받으면 교회 건축 안 하겠다고 기도했다.

　그러나 교회가 부흥하면서 성전 건축에 대해 기도했다. "하나님! 교회가 상가 2층에 세를 들어 있으면 언제 나가라고 할지 모릅니다. 매달 월세 나가는 것이 아깝습니다. 교회를 건축하게 해주시되 10년 안에 성전을 건축하게 해주시고 지하라도 파고 입당할 수 있게 하여 주옵소서. 그러나 하나님께 약속한 대로 한 성도라도 상처가 되면 건축을 하지 않게 하옵소서. 저는 2층 상가에서 목회하는 것만도 감사합니다. 하나님 인도하시는 대로 순종하며 목회하겠습니다."

　그런데 하나님께서 내 기도를 기뻐하시고 이루어주셨다. 개척하고 8년째 되던 해에 가까운 곳에 성전을 인수하여 입당 예배를 드리고 10년째 되던 해에는 헌당 예배를 드렸다. 하나님께 "개척 후 10년 되는 해에는 지하실이라도 들어가 입당하게 해 달라"고 기도했는데 10년 되던 해에 헌당까지 한 것이다. 감사한 것은 입당하고 헌당하는 과정에서 단 한 성도라도 시험에 들거나 상처를 받지 않았다. 내가 계획하고 내 계획대로 이루려 했다면 불가능한 일이다. 그러나 하나님께서 역사하실때 너무 쉽게 이루어졌다.

04

다른 교회 알아보라고 말하지 않겠습니다

교회를 개척할 때 하나님께 이런 기도를 했다. "하나님! 만약 교회가 부흥되어 부교역자를 청빙하게 된다면 중간에 사직서를 내고 다른 교회를 알아보라고 말하지 않고 저의 목회를 마치게 하옵소서." 부교역자들은 항상 불안한 상태에서 사역한다. 담임 목사의 입에서 다른 교회 알아보라는 말이 떨어지면 즉시 사역지를 옮겨야 한다. 총회 헌법 규정에 그렇게 되어 있다. 매년 한 번씩 당회 결의로 당회장의 임명을 받아야 다음 1년을 시무할 수 있다. 임명이 안 되면 자동으로 해임된다. 부교역자들은 인권 사각지대에 있다고 해도 과언이 아니다. 언제 사임할지 모르는 불안한 상태에서 사역하는 것이다.

나는 부교역자들의 이런 사정을 잘 알기 때문에 다음과 같은 결심을 하였다. "본 교회에서 시무하고 싶은 만큼 시무하게 하고, 가능하면 사역의 길을 열어 주자는 것이다. 개척 교회를 원하면 개척을 시켜주고 담임으로 부임하길 원하면 최선을 다해 추천하고 선교사로 파송 받기를 원하면 선교사로 파송해 주려고 하였다. 그러나 우리 교회보다 더 좋은 교회 부교역자로 가는 것을 원하면 우리 교회 사역에 지장이 있더라도 기꺼이 보내주었다." 이와 같은 약속은 먼저 하나님 앞에서 하였고 성도들 앞에서도 하였다. 그리고 40년 목회 마칠 때까지 이와 같은 약속을 지키기 위해 힘써왔다.

개척하고 몇 년 후의 일이다. 교육 전도사 한 분이 사직서를 가지고 찾아왔다. 학생부를 맡고 있었는데 교육 전도사로 부임한 후 학생부가 부흥은 커녕 반 토막이 난 상태였다. "목사님! 죄송합니다. 열심히 노력했지만, 학생부가 부흥되기는커녕 반으로 줄었습니다. 사임하겠습니다. 전도사님, 새로운 사역지는 정해졌나요? 아직 정해지지 않았습니다. 우선 사임하고 알아보려고 합니다. 전도사님! 사임하시려면 학생회를 부흥시켜 놓고 사임하세요. 이런 때 사임하면 사역에 실패해서 사임한 것으로 인식이 되고 앞으로 어떤 사역지에서도 이런 이미지가 쫓아다닙니다."

사람은 만남보다 헤어짐이 더 중요합니다. 헤어질 때는 가장 좋을 때 헤어져야 그 좋은 이미지가 일생 쫓아다니는 것입니다. 내가 전도사님께 부흥시키지 못했다고 책임을 물은 적이 있습니까? 나는 부흥보다 전도사님의 열심을 원합니다. 열심히 해도 어려울 때가 있지만 인내하면 다시 부흥되게 되어 있습니다. 부흥된 다음에 다른 교회 사역자로 가겠다고 하면 추천서를 써드리겠습니다. 전도사님은 감사하다고 하면서 그대로 사역했고 학생회를 회복시키고 부흥되었을 때 좋은 사역지에서 초청을 받아 부임해 갔다.

교회가 부흥되고 부교역자들이 많아졌을 때부터는 가능한 2, 3년에 한 번씩 담당 부서를 이동시켜 주어서 다른 부서에 대해서도 골고루 배우게 하였다. 나의 목회 철학과 목회 운영을 다 배우게 해서 나보다 훌륭한 목회자로 키워서 보내는 것이 목적이었기 때문이다. 그 결과 남현교회에서 개척해서 나간 목사들 모두가 성공적으로 목회하고 있다. 다른 사람을 유익하게 하려면 내가 손해를 봐야 하고 욕심을 포기해야 한다. 그러나 분명한 것은 다른 사람을 유익하게 하기 위해 손해 보면 하나님께서 더 좋은 것을 주신다는 것이다.

05

운전하지 않겠습니다

나는 교회를 개척할 때 운전면허가 없었다. 일생 목회하면서 운전을 하지 않겠다고 생각했기 때문이다. 하나님께 이렇게 기도했다. "하나님! 일생 운전 안 하고 목회를 끝내겠습니다. 밖으로 돌아다니지 않고 교회만 붙어있으면서 목회에만 전념하겠습니다." 이것은 하나님 앞에서 한 약속이고 성도들과의 약속이다. 운전을 하면 밖으로 활동하면서 나가는 시간이 많아지고 말씀과 기도에 게으를 것 같아서 한 약속이다.

어머니는 가정에서 자녀를 잘 양육해야 한다. 그런데 자녀들은 어떻게 되던 밖으로만 나돌면 집안일이 엉망이 된다. 목회자는 성도들의 어머니 역할을 해야 한다. 교회에 있으면서 성도들을 양육하고 돌봐야 한다. 그런데 밖으로 많이 활동하다 보면 목회다운 목회가 어려워진다. 그래서 교회에 많이 붙어 있기 위해 운전을 안 하려고 결심한 것이다. 특히 개척할 당시에는 목사가 승용차를 가지고 있으면 사치하는 것처럼 보이는 시대였다. 성도들은 차가 없는데 목사가 승용차를 타고 다니는 것은 잘못된 것으로 생각했다.

개척할 때부터 운전을 배우지 않았는데 배우면 하게 되기 때문이다. 그런데 세월이 흐르다보니 운전을 배우게 되었다. 목회하면서 운전을 하지 못하니 너무 불편한 점이 많았고 다른 분들의 신세를 많이 졌기 때문이다. 교육부서 수련회 때 현장에 심방을 갈 때마다 집사님 장로님들이 운전을 해주셨다. 그런데 나는 중간에서 돌아와야 하기 때문에 불편한 점이 한두 가지가 아니었다. 그렇다고 운전기사를 한 분 둘 수도 없었다. 그리고 승용차는 사치품이 아니라 필수품이 되었다. 그래서 결심을 하고 운전을 배워 운전을 했는데 50살 때였다. 운전하지 않겠다는 약속을 끝까지 지키지 못했다. 성도들에게 약속한 것 중 한 가지를 어긴 것이다. 성도들에게는 약속을 어기고 운전을 하게 되어서 대단히 죄송하다고 사과드렸다.

내가 바르게 목회하려 할 때 하나님께서 얼마나 사랑해 주시는지 모른다. 운전 배운 것을 알게 된 집사님 한 분이 차를 사주시겠다고 하였다. 그래서 재정부 집사님들에게 빨리 교회에서 사라고 말했다. 차는 2.0cc가 안 되는 1.5-1.8 정도의 소형차를 사되 중고차로 구입해 주세요. 처음 운전이라서 중고를 먼저 사는 게 좋을 것 같습니다. 그래서 교회에서 다른 교회 목사님이 타시던 2.0cc의 중고차를 구입했고 그때부터 운전을 하기 시작하였다. 그런데 이 년이 지난 후 처음 자동차를 사시겠다고 하던 집사님이 좋은 승용차를 구입해 오셨다. 그리고 삼 년이 지난 후 또 새로운 승용차를 사 오셨다. 그 집사님은 삼 년에 한 번씩 계속 새 차로 바꿔주셨다. 집사님은 어떻게든 비싼 차를 사주려고 하는데 제가 극구 사양하고 평범한 승용차를 사게 하였다. 그래서 나를 알고 있는 목사님들은 나를 복 받은 목사라고 말한다.

목사가 성도들에게 한 말은 어떤 경우든지 약속을 지켜야 한다. 하나님께 인정받는 것도 중요하지만 성도들에게 인정받는 것도 중요하다. 성도들에게 진실한 목사로 인정받지 못하면 쉬운 목회 평안한 목회를 할 수 없다. 어떤 사모님이 한 말이 기억난다. "나는 강대상에 올라가 살았으면 좋겠습니다." 남편 목사님은 강대상에서는 인격자요 천사 같은데 가정에만 오면 사탄처럼 변하기 때문에 강대상에 있는 천사 같은 남편과 살고 싶다는 것이다. 목사는 강대상에서와 가정에서 같아야 하고 강대상에서와 사회에서도 같아야 한다. 특히 신실함이 가정에서도 인정받지 못하는 경우라면 일찍 목회를 그만두는 게 나을지도 모른다.

06

부목사들의 칭찬

한번은 우리 교회 부목사의 친구 목사가 우리 교회를 방문했다. 그 목사님은 나를 보고 반갑게 인사를 하면서 이렇게 말했다. "목사님 전부터 목사님을 꼭 한번 뵙고 싶었습니다." 그래서 그 이유를 물었더니 이렇게 답했다. "목사님, 원래 부목사들이 모이면 담임 목사님 흉을 많이 봅니다. 그런데 남현교회 부목사님들은 단 한 번도 흉을 본 적이 없고 늘 칭찬만 합니다. 그래서 도대체 어떤 목사님이기에 그처럼 인정을 받는지 꼭 한 번 뵙고 싶었어요."

또 이런 일도 있었다. 주일 낮 예배에 참석하신 어느 집사님 부부가 있었다. 예배가 끝난 후 새 가족부 실에서 상담했다. "집사님, 우리 교회는 어떻게 알고 오셨습니까? 남현교회 장로님이 소개해서 왔습니다." 이야기를 들어보니, 그 집사님은 직장에서 그리스도인이라고 하는 사람들을 많이 만나봤다고 했다. 그런데 대다수 사람이 담임 목사님에 대해 칭찬하기보다는 흉을 더 많이 보더라는 것이었다. 그런데 특이하게도 한 분이 담임 목사님을 자랑했는데 그분이 바로 남현교회 장로님이었다고 했다. 마침 교회를 옮겨야 할 상황에 부닥쳤는데, 어느 교회로 갈까 하다가 장로님이 다니신 다는 남현교회가 생각나서 왔다고 했다. 그 후 집사님 부부는 우리 교회에 등록했고 열심히 교회를 섬겼다.

사람이란 원래 멀리 보면 단점이 눈에 잘 보이지 않는 법이다. 멀리서는 인물이 훤해 보여도 다가가서 보면 얼굴에 잡티가 무성하다. 이처럼 가까이 있는 사람에게 인정받기는 쉽지 않다. 성도들이 나에 대해 좋게 말하는 것은 내가 잘났기 때문이라기보다, 부족하지만 진실하게 목회하고자 애쓰는 모습을 보았기 때문인 것 같다. 진실한 사람은 가까이 있는 사람에게 인정을 받는다. 그러면 하나님께서 기뻐하시고, 돕는 자를 많이 보내주신다. 그래서 쉬운 목회를 할 수 있는 것이다.

6장

성실한 목회

> "모세가 그의 부하 여호수아와 함께 일어나 모세가 하나님의 산으로 올라가며 장로들에게 이르되 너희는 여기서 우리가 너희에게로 돌아오기까지 기다리라 아론과 훌이 너희와 함께하리니 무릇 일이 있는 자는 그들에게로 나아갈지니라 하고"(출애굽기 24:13-14)

모세가 하나님의 명령으로 십계명을 받으러 올라갈 때의 일이다. 모세는 산에 오르면서 여호수아 한 사람만을 데리고 갔다. 그리고 아론과 훌을 백성의 지도자로 세웠다. 모세와 함께 산에 올라간 여호수아는 산꼭대기까지 따라가지 않고 중간에서 기다렸다. 모세가 여호수아에게 말했다. "내가 올 때까지 여기 머물러 있으라."

그동안 여호수아는 산 중턱에 홀로 남아 모세를 기다린다. 산에 올라갈 때 40일 후에 내려온다고 말해줬으면 느긋하게 편하게 기다릴 수 있었을 것이다. 그러나 기다리라고만 했기 때문에 언제까지 기다려야 할지 여호수아는 알지 못했다. 산에 올라간 모세는 40일 동안 하나님과 대면하고, 율법과 계명을 받았다. 40일이란 절대 짧은 기간이 아니다. 더구나 모세는 먹을 양식을 챙겨가지 않았다.

아직도 모세는 산꼭대기에 있는 걸까? 살아있기는 할까? 혹시 다른 길로 벌써 내려간 것은 아닐까? 이런 생각을 하며 여호수아는 얼마나 궁금해 하였을까? 이러한 상황에서 여호수아가 취할만한 행동은 두 가지를 추측해 볼 수 있다. 첫째, 모세가 올라간 산꼭대기에 직접 올라가는 것이다. 둘째,

산 아래로 내려가서 모세가 내려왔는지 확인해 보는 것이다. 만일 모세가 그곳에 없다면 먹을 것을 챙겨 다시 올라가야 할 것이다.

그러나 여호수아가 취한 행동은 우리의 일반적인 생각과 달랐다. 여호수아는 기다리라는 모세의 말을 따라 계속 자리를 지켰다. 그야말로 여호수아는 '죽기까지' 자리를 지켰다. 이 얼마나 성실한 사람인가! 예나 지금이나 성실한 사람들이 성공한다. 권모술수에 능하고 잔꾀에 능한 사람이 잘되는 것 같지만 결국에는 미련하도록 성실한 사람이 성공하는 것이다.

01

자신에 대한 성실

얼마 전 은퇴를 앞에 놓고 설교하면서 이런 말을 했다. "성도 여러분! 제 40년 목회 부끄러운 것도 많지만 한 가지는 자신 있게 말할 수 있습니다. 제가 성실하게 목회했다는 것입니다. 나는 하나님 앞에서, 성도들 앞에서 성실하게 살기 위해 노력했고 나 자신에게 성실하도록 노력한 그것밖에 없는데 하나님께서 큰 은혜를 주셔서 쉬운 목회 행복한 목회를 할 수 있도록 인도해 주셨습니다."

목회자는 자신에 대해 성실해야 한다. 부교역자들에게 늘 강조하는 말이 있다. 목회자는 기본에 충실해야 합니다. 기본에 충실하다는 말이 무엇인가? 내가 목회자라 생각하지 말고 평신도라 생각하며 평신도가 하는 일을 성실하게 해야 한다는 것이다. 목회자는 예배드릴 때 항상 앞자리에서 마음 중심으로 예배드려야 한다. 찬송을 해도 제일 열심히 해야 하고 기도를 해도 제일 열심히 해야 한다. 교회에 출근할 때도 지각하면 안 된다. 일찍 나와 준비하고 교역자 아침 기도회에 참석해야 한다. 내가 성실하지 못

하면서 성도들을 지도하는 것은 지도자로서 자세가 아니다.

나는 나 자신에게 부끄럽지 않게 행하려고 최선을 다한다. 설교를 안 하고 예배드릴 때는 항상 앞자리에서 열심히 참여한다. 찬양도 열심히 하고 기도도 열심히 한다. 특히 설교도 고개를 끄덕이며 열심히 듣고 아멘, 아멘 화답한다. 내가 예배를 인도할 때는 예배 인도 전에 꼭 이런 기도를 한다. "하나님! 나 자신이 인도자가 되지 않게 하시고 예배자가 되게 하여 주옵소서! 오늘 제가 하는 설교가 성도들을 향한 설교가 아니라 나 자신을 향한 설교가 되게 하여주옵소서!" 나는 교회를 설립하고 은퇴할 때까지 40년 동안 특별한 일 외에는 아침 출근 시간을 정확하게 지킨다. 직장에 출근하시는 분들은 시간 맞춰 정확하게 출근하는데 우리가 그들보다 쉽게 할 수 없는 것이다. 우리 교회는 교회 규모가 크기 때문에 선임 부목사에게 조회를 맡기면 된다. 그러나 내가 직접 나가 조회를 인도한다. 얼마든지 편하게 할 수 있지만 나 자신 성실함을 지키기 위해서다.

02

고학으로 공부

나는 신학교에 가기 전부터 성실하게 살기 위해 힘썼다. 예수 믿는 사람은 세상 사람보다 진실하고 성실해야 인정받을 수 있다. 진실하고 성실하면 하나님께서 인도해 주시고 복을 주신다. 나는 초등학교 과정을 마치고 졸업할 때 졸업비 이백 원이 없어서 졸업 3개월을 앞에 놓고 학교에 가지 못했고 졸업식장에 참석을 못 했다. 중학교 진학은 꿈에도 생각할 수 없는 형편이었다. 졸업식이 있는지도 몰랐다. 두 달 후 같은 반 친구가 찾아와서 담임 선생님이 보내서 왔다고 하면서 선생님 집으로 오라고 했다. 무슨 일인가 해서 선생님 집으로 찾아갔는데 선생님이 반갑게 맞이해 주면서 졸업장을 주셨다. 그리고 공부할 수 있는 길을 열어 주셨다.

춘복아! 너는 중학교 진학을 못 하면 아까운 아이다. 중학교는 아니지만, 중학교 과정을 공부하는 고등공민학교가 있다. 열심히 공부해서 검정고시를 보면 고등학교에도 진학할 수 있다. 네가 형편이 어려워 고등공민학교도 진학할 수 없는 것 다 안다. 그래서 너의 학비를 지원해줄 분을 찾았다.

농협 상무님이 너의 삼 년 학비를 후원해 주기로 했다.

벌써 학기를 시작했지만, 엄마에게 말씀드려 내일부터라도 학교에 다녔으면 좋겠다. 그때 아버지는 이미 돌아가셔서 안 계셨기 때문에 엄마에게 말씀드리라고 한 것이다. 나는 너무 감사하고 기뻐서 엄마에게 말했지만, 가방도 없고 카라가 있는 교복이 없었다. 그래서 책은 보자기에 싸고 초등학교 때 입었던 옷을 그대로 입고 학교에 갔다. 책 살 돈이 없어 한 학기 동안 영어책도 없이 다녔고 그렇게 삼 년을 공부했다. 처음에는 교회에서 공부하다가 학생들이 공부 끝난 후 벽돌을 찍어서 공부할 공간을 마련하고 그곳으로 옮겼다. 졸업반 때 대전에 가서 고입 검정고시를 봤는데 약 사십 명 졸업생 중 합격한 학생은 나까지 합해 다섯 명이었다.

고등학교 진학할 수 있는 자격은 얻었지만 진학할 형편이 되지 못했다. 고등학교 진학도 어려운데 대학은 전혀 불가능했기 때문에 상업고등학교를 선택했고 대전 상고 시험을 봐서 합격했는데 등록금이 문제였다. 고등공민학교는 농협 상무가 등록금을 후원해서 다녔지만, 고등학교까지는 후원이 되지 않았다. 당장 먹고살기도 어려운 형편에 결국 등록금을 마련하지 못했고 진학을 포기했다. 그때부터 집을 떠나 객지 생활에 들어갔다. 대전에서 서울에 올라와 생존을 위해 해보지 않은 일이 없을 정도였다. 그러나 늘 배움에 대한 갈망이 있었고 독학으로 대입 검정고시에 합격했지만, 대학 진학은 불가능했다. 그래서 대학 진학을 포기하고 대신 돈을 벌어 돈에 대한 원수를 갚겠다는 마음을 다졌다. 회사에서 열심히 일했고 입대 영장을 받았다. 입대 전에는 직장이 주일날 일하는 날이 많고 친구들을 사귀다 보니 주일도 제대로 지키지 못하고 믿음 생활에 소홀했다. 그러나 늘 열심히 믿음 생활 못 하는 것 마음이 편치 못했다.

03

군대에서 다시 시작

입대 영장을 받고 마음속으로 다짐했다. 군대에 가서는 다시 시작하는 마음으로 믿음 생활하자. 그리고 군에 입대하자마자 훈련소에서부터 철저하게 교회에 나갔다. 자대에 가서도 선임들의 핍박 속에서도 빠지지 않고 교회를 나갔고 제대 얼마 안 남았을 때는 사단 신우회장이 되었다. 경험도 없고 실력도 없는데 사단 신우회 회장이 되다 보니 할 일이 많았다. 갈급한 마음으로 기도하면서 열심히 했는데 그때 가슴이 뜨거워졌다. 제대 후 개척 교회를 찾아가 목사님께 봉사시켜 달라고 부탁해서 성가대로 교사로 봉사했고 청년회장 그리고 총각 서리 집사가 되었다. 당시 직장은 한 달에 한 번 두 번 밖에는 쉬지를 않았기 때문에 직장에 들어가면 주일을 지킬 수 없었다. 할 수 없이 중고 자전거 한 대를 사서 장사를 시작했다. 장사하다 망해도 중고 자전거 한 대와 과자 한 상자밖에는 손해 볼 것이 없었다.

장사는 쉬운 게 아니었다. 가겟집에 가서 물건을 팔아야 하는데 받아주는 가게가 없었다. 대개 장사를 시작하면 삼 개월 이내에 그만두고 이십 명이 시작하면 한두 명 남을 정도였다. 하루에도 몇 번씩 그만두고 싶은 마음이 들었다. 그러나 주일이면 정확하게 쉴 수 있고 봉사할 수 있어서 좋았다. 인내와 성실로 육 개월이 지나갔을 때 조금 자리가 잡혔고 일 년 했을 때 어느 정도 자리가 잡혔다. 장사하는 방법은 요령이 아니라 진실과 성실뿐이다. 비가 오나 눈이 오나 한 번도 빠지지 않고 장사를 나갔다. 한번 갔던 가게는 정확한 날짜 정확한 시간에 가고 속이지 않고 친절하게 대했다.

04

성경 공부 위해

　담임 목사님께서 권면하셨다. "이 집사님! 낮에 장사하고 밤에는 시간이 있으니까 야간 신학교에 진학하는 것이 어떻겠습니까?" 나는 내가 신학을 해서 목사가 된다는 마음을 가진 적이 없으므로 처음에는 내가 감히 어떻게 신학을 하느냐고 말했다. 그래도 목사님은 기도하면서 생각해보라고 하셨다. 기도하면서 이런 결론을 내렸다. 다행히 오후 3시면 장사가 끝나니까 야간 신학에 다닐 수는 있을 것 같다는 생각이 들었다.

　그러나 목사가 되기 위해 신학교를 가는 게 아니라 성경을 공부하기 위해 가야겠다고 생각했다. 특히 내가 그렇게 하고 싶었던 공부를 할 수 있다는 것이 마음에 끌렸다. 목사님께 찾아가 말씀드렸다. "목사님! 제가 신학교에 진학을 하려고 하지만 나 같은 사람이 감히 어떻게 목사가 되겠습니까? 그러나 신학교 시험을 봐서 합격하면 하나님 뜻으로 알고 공부하겠습니다. 목사가 되기 위해 가는 것이 아니라 좋은 교사가 되기 위해 가겠습니다."

그 후 신학교 시험에 합격했고 입학해서 공부하게 되었다. 아침 네 시 삼십 분이면 일어나 새벽 기도를 가고 끝난 후 바로 시장으로 물건을 구입하러 갔다. 물건을 사가지고 집에 와서 아침을 먹고 장사를 나갔다. 장사하고 돌아오면 오후 세 시경이 되고, 몸을 씻고 학교에 가면 다섯 시가 된다. 학교에서 공부 끝나면 밤 열 시가 되고, 집에 돌아오면 밤 열한 시가 된다. 저녁 먹고 잠자리에 들어가는 시간은 밤 열두 시 그리고 아침 네 시 삼십 분에 일어나 일과를 시작한다. 세상 말로 눈코 뜰 사이 없이 움직였다.

신학교를 다니면서도 장사는 점점 잘 되었다. 삼 년 차에는 이십 년 장사한 베테랑들보다 더 많이 팔았다. 단골 모두가 나를 성실하고 진실한 사람으로 인정하고 물건을 팔아줬기 때문이다. 바쁜 일정 가운데 공부는 어떻게 할 수 있는가? 시간 나는 대로 공부했고 자전거 앞에 단어장을 끼고 다니면서 암송하고 공부했다. 쌀 두 가마 무게를 자전거에 싣고 다니면서 공부한 것을 생각하면 그때 하나님께서 목사 만들기 위해 강한 훈련을 시키셨다고 생각한다. 그런데 뜻밖에도 학교에서 4년 동안 성적 장학생이 되고 대학부 3학년 때 목회자로 부르심에 확신을 얻고 결혼하면서 아르바이트를 그만뒀다.

세상에서 바빠서 못 하는 일은 없다. 집중하고 열심히 하면 못 할 일이 없는 것이다. 그 후 교단을 옮겨 총신대 신학대학원에 입학하게 되었다. 모든 과정을 인도하신 분은 하나님이시지만 서울에 사셨던 누님 한 분의 도움을 많이 받았다. 거처할 곳이 없었던 내가 누님 집에 기거하며 장사하고 학교를 다녔다. 늘 빚진 마음과 감사한 마음을 가지고 있다. 하나님께서 어떤 환경을 주시던 그 환경 가운데서 믿음 안에서 성실할 때 하나님께서 기적 같은 역사로 축복하신다. 내가 세상 직업 중에서 목회가 가장 쉽다고 말한 것은 시골에서 농사짓는 일, 공장에서 일하는 일, 장사하는 일을 다 해봤기 때문이다.

05

자신에게 성실하세요

교회를 개척하는 많은 목사님이 나를 찾아온다. "목사님! 어떻게 하면 목사님처럼 성공적인 목회를 할 수 있습니까?" 나는 이렇게 대답한다. "먼저 자신에게 성실하세요. 하루의 시간을 철저하게 계획을 세워 생활하세요. 출근 시간 퇴근 시간을 꼭 지키세요."

교회를 개척하다 보면 시간이 많이 남는다. 누구 한 사람 간섭하는 사람이 없다. 늦게 일어나도 되고 아무것도 안 해도 된다. 그러나 그렇게 하면 하나님이 기뻐하시지 않고 사람들에게 인정받을 수 없다. 하루의 계획을 세우고 일주일의 계획을 세워 성실하게 살아야 한다. 교인이 많든 적든 하루 그리고 일주일의 계획을 따라서 성실하게 목회해나가야 한다.

나의 저녁 퇴근 시간은 밤 열한 시로 정해져 있다. 집에 들어가면 열한 시 삼십분, 씻고 바로 잠자리에 든다. 저녁 식사는 일곱 시에 하는데 식사하고 다시 사무실로 내려와 열한 시까지 있다가 퇴근한다. 집에 일찍 올라가면 할 일이 딱 한 가지 있다. TV를 보는 일이다. 그래서 일찍 들어가지 않고 늦게 들어간다. 저녁 먹고 난 후 밤 시간이 얼마나 중요한지 모른다. 책 보고 성도들 가정을 위해 기도하고 설교를 준비하고 그래도 시간이 부족하다. 많은 분이 우스갯소리로 묻는다. "그렇게 늦게 퇴근하면 사모님에게 쫓겨나지 않습니까?" 사십 년을 그렇게 살아왔지만, 아내는 항상 이해해주고 배려해 준다.

나는 설교를 준비할 때도 철저하게 준비하지 않으면 마음이 편하지 않다. 밤을 새워서라도 준비해야 마음이 편하다. 컴퓨터를 배우기 전에는 설교 준비가 굉장히 힘들었다. '이렇습니다. 저렇습니다.'까지 다 써야 해서 얼마나 힘들었는지 모른다. 손가락 마디에 못이 박히고 어깨가 아프고 목이 아팠다. 주일 낮 설교뿐만 아니라 주일 오후 예배 수요 예배 심지어 새벽 설교까지 다 써서 했다. 그런데 컴퓨터를 배운 후 얼마나 편해졌는지 모른다. 글씨를 쓰는 그것보다 컴퓨터로 치는 것이 훨씬 빠르고 힘도 들지 않았다.

06

타자 3급 실력

컴퓨터가 일반화되기 전 타자를 배우려고 했다. 설교와 강의 준비 모든 것을 손으로 다 써서 하니까 너무 힘이 들었다. 피곤할 때 졸면서 원고를 쓰면 글자가 작아지면서 위로 올라간다. 나중에 보면 내가 쓰고도 무슨 글씨인지 몰라볼 때도 있다. 원고를 타자로 정리해서 설교할 때 잘 알아볼 수 있게 하면 얼마나 좋을까 생각했다. 그러나 나는 너무 목회에 바빠 배울 시간이 없었다. 그래서 아내에게 부탁했다. "여보, 당신이 타이프를 배워 설교 원고를 정리해 주면 안 될까요?" 아내는 배워보겠다고 했고 같이 타자 학원을 찾아갔다. 상고 학생들이 타자와 부기를 배우는 학원이었다.

원장을 만나 대화하면서 앞으로 컴퓨터가 일상화되는데 자판이 타자 자판과 같다는 말을 들었다. 앞으로 어차피 컴퓨터를 해야 하는데 아내보다 내가 배워야겠다는 마음이 들었다. 그래서 아내가 아니라 내가 등록을 하고 왔다. 마침 등록한 때가 칠월 여름 휴가 기간이라서 휴가 기간을 이용해 배워보기로 했다. 그동안 여름 휴가 기간에는 일 개월 동안 방에 틀어박혀 읽고 싶은 책을 읽었다. 아무 일도 하지 않고 책만 읽는 행복한 시간을 보냈다.

타자 학원에 등록한 후 결석하지 않고 계속 나갔는데 배우는 학생들은 모두가 상고 여학생들이었다. 여학생들 속에서 유일하게 중년 남자가 끼어서 같이 배운 것이다. 처음에는 너무 힘들어 팔다리 허리 머리가 다 아팠다. 그럴 때마다 이런 마음을 가졌다. 지금 이것을 배우면 평생 활용할 수 있다. 평생 활용할 것인데 삼 개월을 못 참을까? 물구나무서서라도 배워야 한다. 한 번도 빠지지 않고 삼 개월을 배웠을 때 원장이 말했다. "목사님, 이제 타자 3급 정도의 실력이 되셨습니다. 그만 배워도 되겠습니다. 제가 학원을 운영한 후 사십 대 이상이 3급 실력까지 배운 것은 목사님이 처음입니다. 대개 배우겠다고 오면 삼 주를 못 넘기고 중단했습니다. 목사님 축하드립니다."

그 후 전동 타자기를 샀고 타자기로 설교를 준비하기 시작했다. 직접 쓰면서 설교 준비하다가 타자로 치니까 처음에는 영감이 떠오르지 않아 고생했다. 그러나 계속하면서 손으로 쓰는 것보다 타자로 쳐야 영감이 더 잘 떠올랐다. 기본부터 배웠기 때문에 한 손가락으로 치는 독수리 타법이 아니라 다섯 손가락을 다 이용하여 피아노를 치듯 하니까 얼마나 빠른지 모른다. 그것도 타자기를 보지 않고 칠 수 있고 눈감고도 칠 수 있어서 너무 좋았다. 그리고 이 년 후 컴퓨터를 구입하고 목회 프로그램을 이용하여 설교와 강의를 준비했는데 얼마나 편하고 좋은지 모른다. 특히 컴퓨터는 자료가 무궁무진하여 참고할 수 있고 넣었다 뺐다 할 수 있고 얼마든지 수정할 수 있어서 너무 편하다. 써서 하는 것보다 절반의 수고밖에 안 된다. 일생 목회하면서 그때 타자를 배운 것이 얼마나 잘한 일인지 늘 감사하고 있다. 왜 이 간증을 하는가? 무엇을 하던 성실하게 해야 하고 한 번 결정한 일은 끝까지 해야 한다는 것을 말하기 위해서다.

내가 항상 추구하는 삶이 있다. "남에게는 후하게 나에게는 철저하게" 다른 사람들에 대해서는 모든 일을 이해하고 잘못한 것이 있어도 용서하려고 힘쓴다. 그러나 나 자신에게는 철저하다. 그러나 다수의 목사님은 반대로 행동하는 경우가 많다. 다른 사람에 대해서는 철저하다. 조그마한 것도 용서하지 못한다. 조금만 이해해주면 되는데 이해해주려고 하지 않는다. 그런데 자신에 대해서는 후하다. 모든 것을 합리화시키고 분명 잘못했는데도 변명하며 피해 나간다.

07

목회에 성공하실 겁니다

성실한 사람은 하나님께 인정받고 사람들에게도 인정받아 크게 쓰임 받는다. 자기가 맡은 일은 어떤 일이 있어도 잘 감당하기 때문이다. 내가 처음 교회를 개척했을 때 전도하고 양육하는 일에 열심을 다했는데 밤을 새워서라도 철저하게 준비했다. 그런데 목회 외에 하는 일이 두어 가지 있었다. 신학교에서 초급 히브리어를 가르친 것과 어떤 회사에서 매일 아침 예배를 인도하는 것이었다. 그 회사의 사장님은 장로님이셨는데 매일 아침 예배를 드렸다.

그런데 회사까지 가는 길이 너무 멀었다. 새벽 기도 끝나자마자 출발해서 중간에 한 번 갈아타면 거의 두 시간이 지나서야 도착했다. 그러다 보니 늘 피곤하고 힘들었다. 신학교 강의를 마치고 저녁 늦게 돌아오면 온몸이 녹초가 되었다. 늦게 잠자리에 들었다가 다음 날 새벽 네 시가 되면 새벽 기도를 인도해야 했다. 그러다 보니 회사까지 가는 동안 버스 안에서 졸다가 정거장을 지나친 것이 한두 번이 아니었다.

한번은 폭우로 인해 길이 온통 물바다가 된 적이 있었다. 버스를 탔지만 도저히 회사까지 갈 수가 없었다. 물이 허리까지 차올랐다. 그래서 옷을 벗어 팬티와 러닝셔츠만 입고 겉옷은 머리에 올리고 물속을 걸어서 회사에 갔다. 사원들조차 비 때문에 거의 출근을 못 한 상태였다. 회사에 미리 와 있던 몇몇 분이 내 모습을 보더니 놀라면서 말했다.

"목사님, 이런 날씨에는 안 오셔도 되는데 오셨군요. 그렇지 않아도 전화 통화가 되었다면 못 갈 것 같다고 연락했을 텐데 전화도 불통이고 연락이 안 돼서 왔습니다." 나는 한 번 약속한 것은 생명의 위협이 있어도 지켜야 한다는 것이 내 신조였다. 그동안 그 회사 아침 설교를 맡았던 목사님들이 여러분 계셨는데 일·이 년 이상 버틴 목사님이 없다고 했다. 이렇다 할 이유도 없이 결석하는 분이 있는가 하면 힘들다고 중단한 분도 있다고 했다. 그러나 나는 5년 동안 한 번도 지각이나 결석을 하지 않았다. 공장장이 다음과 같이 말했다. "저는 지금까지 목사님처럼 성실한 분을 뵙지 못했습니다. 목사님은 앞으로 목회에 성공하실 것입니다." 내가 목회하면서 늘 마음에 담고 있는 성경 구절이 있다. "부지런하여 게으르지 말고 열심을 품고 주를 섬기라"(롬 12:11).

7장

앞서지 않는 목회

앞서가지 않는 목회는 내 욕심대로 하지 않고 하나님 인도하시는 대로 따라가는 목회다. 내가 개척할 당시 한국 교회는 조용기 목사를 통해 미국 로버트 슐러 목사의 '가능성 신학'(번영 신학)이 인기를 얻고 있었다. 동기생 중에는 나는 몇 천 명 목회하겠다. 나는 몇 만 명 목회하겠다. 나는 몇 평의 교회를 건축하겠다는 큰 꿈들을 가지고 있었다. 꿈을 품고 생각하고 기도하고 선포하면 비전이 이루어진다는 신학이다. 만 명 교인의 비전을 가지면 만 명 교인을 생각하며 기도하고 선포한다. 아침에 일어날 때 "만 명 할렐루야!" 선포하고 저녁에 잘 때도 "만 명 할렐루야!"를 선포하고 잠자리에 든다. 그러나 나는 너무 부족해서 삼십 명 교인이나 모을 수 있으려나 생각했다. 전임 사역은 경험해보지도 못하고 교육 전도사 사역 중에 개척했기 때문이다. 아무것도 모르고 개척했기 때문에 주님의 몸 된 교회를 개척한다는 설렘과 함께 두려운 마음만 있었다.

01

일찍 죽는 게 낫겠다

　나는 어려서 너무 가난하게 살았기 때문에 초등학교 때부터 세상을 향한 원망이 컸다. 나는 왜 가난한 가정에서 태어났을까? 나는 왜 잘사는 미국에서 태어나지 않고 한국에서 태어났을까? 중학교 때였던 것 같다. 나는 하늘을 바라보며 이렇게 사는 것보다 차라리 일찍 죽는 것이 낫겠다고 생각했다. 그래서 스스로 교회를 찾아갔다. 그때 하나님께서 교회로 불러주시지 않았다면 어떤 인생을 살았을까? 혹 세상에 존재하지 못하였을지 모른다.

　어려서부터 교회에 다니면서 부모님으로부터 교회 가는 것을 제지당했다. 주일날이면 밭에서 일해야 하고 산에 가서 나무를 해야 한다. 그런데 주일날 교회 가면 일을 못 하게 되기 때문이다. 특히 제사 때 절하는 문제 때문에 얼마나 어려움을 당했는지 모른다. 그러나 교회 다니고부터 내 인생의 길이 달라졌다. 늘 세상을 향해 원망 불평으로 살아왔는데 예수 믿고 감사를 찾게 된 것이다. 내가 부자였으면 예수 믿었을까? 내가 다른 나라에 태어났다면 예수 믿었을까? 그런데 고향을 떠나 다른 지역에 나가 살다 보니 좋던 믿음 다 떨어지고 주일도 제대로 지키지 못했다. 그러다가 군에 입대해서 믿음 생활 열심히 하다가 전역했고 작은 교회에서 열심히 봉사하던 중 신학교에 들어가게 되었다.

그리고 총신대 신학대학원 졸업반 때 교회를 개척했다. 믿음의 가정에서 자라났으면 그 자체가 경험인데 아무것도 모르는 상태에서 개척하게 된 것이다. 얼마나 무지했는지 교인들 심방을 가면 어떤 성경 구절을 읽고 권면해야 하는지도 몰랐다. 다행히 심방에 관한 책이 나와 있었기 때문에 배우면서 했다. 당회는 어떻게 해야 하는지 제직회는 어떻게 인도해야 하는지 전혀 몰랐다. 장례식이 나면 어떻게 해야 하는지도 몰랐고 결혼 주례는 어떻게 해야 하는지도 몰랐다. 그렇게 무지한 상태에서 목회를 시작했기 때문에 하나님께 매달리지 않을 수 없었다. 하나님께 이런 기도를 했다. "하나님 저는 주시는 대로 목회를 하겠습니다."

그런데 놀라운 일이 일어났다. 어디서 성도들이 몰려오는지 첫해에 백육십칠 명이 등록한 것이다. 그렇다고 교회를 설립한 장소가 신개발지도 아니고 일반 주택지였다. 그리고 기성 교회 하나 개척 교회가 네 개나 나란히 있었는데 어디서 오는지 계속 등록했고 두 번째 해에도 백육십 명이 등록했다. 더구나 다른 교회는 다 목사님이었고 나만 전도사였다. 몇 년이 지나자 네 개의 교회가 다 없어지고 남현교회만 남게 되었다. 그러면 내가 설교를 잘했을까? 그렇지 않다.

그때 설교 원고를 보면 충청도 말로 '개갈도 안 난다.' 내가 성도라면 그 정도 설교를 듣고 절대 등록하지 않는다. 그런데 성도들이 그런 미숙한 설교를 듣고 등록하고 섬기게 된 것이다. 실력이나 능력으로 보면 부흥이 안 되는 것이 마땅하다. 그런데 왜 부흥이 되었을까? 하나님이 하셨기 때문이다. 아무리 스펙이 좋고 인간적인 방법으로 노력해도 하나님 도와주시지 않으면 부흥할 수 없다. 그러나 아무리 부족해도 하나님 함께하시면 부흥의 역사를 경험할 수 있다. 하나님께 인정받고 하나님이 함께하시면 쉬운 목회 행복한 목회를 할 수 있는 것이다.

하나님께서 왜 나에게 이런 은혜와 복을 많이 주시는가를 생각해 보았다. 그 이유는 세 가지 정도로 생각되었다. 첫째는 한 생명을 귀하게 여기는 목회를 했다. 둘째는 복음을 위해 열심히 사역했다. 셋째는 과한 욕심을 부리지 않았다. 한마디로 하나님 마음에 들었다는 것이다. 하나님 마음에 드는 목회를 하면 쉽지만, 하나님 마음에 들지 않으면 노력은 많이 하는데도 목회는 어렵고 힘들어진다. 하나님 마음에 드는 목회는 어떤 목회일까? 하나님께서 무엇을 기뻐하실까에 초점을 맞춘 목회다. 하나님 기뻐하시는 일이 아니면 아무리 욕심나고 손해가 되어도 포기하고, 하나님 기뻐하시는 일이면 아무리 힘든 일이라도 순종하는 것이다.

02

하라는 일은 안 하고

지금까지 교회를 건축하거나 증축할 때, 교회를 건축하면 교회가 부흥될 것이라는 마음으로 하지 않았다. 교회가 부흥되고 공간이 좁아 수용할 수 없으면 하나님께서 답답하게 생각하시고 넓혀 주신다는 마음으로 목회를 했다. 그러니까 부작용이 없다. 사실 교회 건물보다는 한 생명이 귀하다. 생명 구원하는 일만 열심히 하면 하나님께 인정받을 수 있다. 하나님께 인정받으면 교회 부흥은 당연하고 교회가 부흥하면 교회 건축은 당연하다. 그런데 하라는 일은 안 하고 내 욕심으로 사고 짓는 일에 매달리니까 부작용이 많은 것이다.

대학교에 입학한 아들이 아버지에게 부탁한다. 아버지! 제가 자립하고 싶어요. 대학까지 보내주신 것만도 감사한데 어떻게 등록금까지 아버지께 받겠어요. 등록금 용돈 결혼 자금 다 제가 벌고 싶어요. 아버지! 제가 조그마한 사업을 시작했습니다. 자금이 필요한데 5억만 대주세요. 아버지가 어떻게 반응할까? 그래 잘했다. 5억이 문제냐, 10억까지도 대줄 거라고 할까?

아니면 너 지금 무슨 말을 하는 거냐, 아버지 허락도 없이 사업을 시작하고 5억을 달라니! 말이나 되냐? 너는 지금 사업할 때가 아니고 공부할 때야. 공부만 열심히 하면 등록금 용돈 결혼 자금까지 내가 다 대줄 건데 무슨 걱정이 그렇게 많으냐?

그렇다. 등록금 용돈 결혼 자금 아들이 다 준비하려면 너무 힘들다. 그러나 아버지가 해주시면 간단하게 해결된다. 아들은 아버지의 마음을 알아야 한다. 독립하는 것이 효도가 아니라 열심히 공부하는 것이 효도다. 엄격히 따져보면 믿음은 먼저 시작하는 것이 아니다. 믿음은 하나님께서 먼저 시작하게 하시고 우리는 순종하며 따라가는 것이다. 나는 충분히 준비될 때까지는 일을 시작하지 않았다.

하나님께 기도하면서 하나님이 준비하시도록 기다리는 것이다. 그러면 왜 하나님보다 우리가 앞서가려고 할까? 하나님이 하시는 일이 답답하게 보이기 때문이다. 진정한 믿음은 먼저 시작하는 것이 아니라 하나님께서 시작하실 때까지 인내하며 기다리는 것이다. 내가 쉬운 목회 성공적인 목회를 할 수 있었던 것은 하나님께서 시작하시도록 기다리고 나는 순종하며 따라갔기 때문이다.

03

인기 없는 목사

내가 82년도에 안양대학에서 초급 히브리어를 강의했다. 그때 강사비가 교회에서 주는 사례보다 많았다. 그러나 목회를 위해 과감하게 포기했다. 당시 신학대학에서 강의 자리를 얻는 것은 하늘의 별 따기보다 어려울 때다. 그러나 과감하게 포기한 것은 목회가 너무 좋았고 나에게 주신 은사라 생각했기 때문이다. 목회 하나만도 어려운데 교수까지 하면 두 가지 다 성실하게 할 수 없다. 오직 목회에 전념하기 위해 과감하게 교수 자리를 포기한 것이다.

나는 부흥회와 세미나를 꽤 많이 다녔다. 그러다 보니 목회에 소홀하고 양육에 소홀하게 되는 것을 알았다. 강사로 가면 편하고 좋고 천사처럼 대접을 받는다. 그래서 점점 안일해지고 큰소리만 치게 되는 것을 발견했다. 그래서 안 다니기로 했다. 내 목회하기도 힘든데 어디를 가나? 내 교인도 돌보지 못하면서 다른 교회까지 가야 하나? 자책하는 마음이 들었다.

그래서 성도들에게 부탁했다. "여러분! 나를 위해 기도해 주세요. 우리 목사님 제일 인기 없는 목사가 되게 해 주세요. 한 군데도 초청이 들어오지 않게 해주세요. 오직 교회만 붙어있게 해주세요." 어머니는 가정을 지켜야 한다. 엄마가 세상일 때문에 계속 집을 비우면, 자녀에게 문제가 생긴다. 목사도 마찬가지다. 목사는 양을 위해 죽기까지 희생해야 한다. 몇 명을 주시든 그 양을 가지고 씨름하면 하나님께서 기뻐하신다. 그러나 내 양은 놔두고 자꾸 돌아다니면 양을 바로 인도할 수 없다. 목사는 교회에서 기도와 말씀에 전념해야 한다. 이것 제쳐 놓고 다른 일에 매달리면 틀림없이 목회 실패하게 되어 있다.

8장

짝사랑 목회

전에 동창 모임에서 친구 목사님이 설교하시면서 그 교회 어떤 권사님에 대해 말씀을 하셨다. 권사님은 사랑이 많고 믿음이 좋아서 성도들에게 인정받는 분이셨다. 슬하에 아들 하나 딸 하나가 있는데 자기 딸이 세상에서 가장 예쁘다고 생각했다. 한번은 우유 배달 아줌마와 우연히 만나 얘기하면서 이런 얘기를 들었다. 아주머니, 아주머니 네는 아저씨도 잘생기고 아줌마도 예쁜데 딸은 누구를 닮았는지 예쁘지 않게 생겼네요! 권사님은 그때, 그러냐고 말했지만, 딸이 예쁘지 않게 생겼다는 말에 너무 서운해서 제정신이 아니었고, 우유를 당장 끊어버려야겠다고 생각했다.

과연 권사님이 우유를 끊었을까? 아니면 사랑 많기로 소문난 권사님이니까 우유를 끊지 않았을까? 권사님은 그날부로 우유를 끊었다. 나는 이 말을 들으면서 하나님 사랑을 생각했다. 하나님께서 우리를 사랑하시는 그 사랑이 바로 이런 사랑이다. 사실 그 권사님 딸은 우유 배달 아줌마가 말한 대로 별로 예쁘지 않았다. 그런데 권사님은 세상에서 제일 예쁘다고 생각한 것이다. 이것이 진정한 사랑이다.

01

하나님 짝사랑

사랑 중에서 가장 달콤한 사랑은 무슨 사랑일까? 짝사랑이다. 짝사랑은 조건적 사랑이 아닌 일방적 사랑이기 때문에 상대방을 생각만 해도 가슴이 설레고 보기만 해도 행복하고 만나면 헤어지기 싫다. 그러나 서로 사랑하게 되면 사랑에 조건이 붙게 되어 달콤한 사랑이 감소된다. 하나님께서 우리를 사랑하신 사랑이 짝사랑이다. 여러분과 나를 일방적으로 사랑하시고 창세 전에 조건 없이 택해 주셨다. 독생자 예수님을 세상에 보내주시고 조건 없이 우리 죄를 대신해서 십자가에서 죽게 하심으로 우리를 구원해 주셨다. 하나님의 일방적 짝사랑이다.

그런데 우리는 어떤 모습일까? 주님을 배반하고 또 배반한다. 만약 우리의 죄를 용서해주시지 않는다면 어떤 일이 일어날까? 여러분과 나는 죽어도 수백 번은 죽어야 한다.

나는 "어떻게 하면 하나님처럼 짝사랑을 실천할 수 있을까? 어떻게 하면 예수님처럼 조건 없이 사랑할 수 있을까?" 기도하며 생각하다 얻은 결론은 부모님의 사랑이다. 부모님의 자식 사랑은 일방적 사랑이다. 그런데 자식들은 어떤가? 부모에게 일방적 사랑을 받고도 감사한 줄 모른다. 그런데도 부모는 자식을 변함없이 사랑한다. 그래서 나는 부모님 마음으로 성도들을 사랑하기로 했다. 성도들을 짝사랑하니까 그렇게 기쁘다. 나를 좋아하는 성도나 싫어하는 성도나 사랑만 하면 된다. 일방적으로 사랑만 하니까 쉬운 목회 행복한 목회를 할 수 있다. 진리 문제 외에는 어떤 사람도 어떤 경우도 용서하고 용납하면 된다. 상대방이 나에게 어떻게 대하던 일방적으로 사랑하는 것이 짝사랑인 것이다.

02

이 년만 배우게 해주세요

2015년 연말에 아들을 우리 교회 부목사로 청빙하는 문제 때문에 큰 홍역을 치렀다. 아들이 신학을 하면서 나에게 부탁을 했다. "아버지, 저는 아버지 목회가 제 모델입니다. 아버지 밑에서 이 년만 배우게 해주세요. 아버지의 목회 철학과 목회 운영을 배우고 싶습니다." 그러자 내가 말했다. "나에게 와서 배우는 것은 좋다. 그러나 우리 교회 오려면 후계자가 다 결정된 다음에 와라. 그래야 오해를 받지 않는다. 한국 교회 성도들은 세습 문제로 상처가 크기 때문에 후계자가 정해지지 않은 상태에서 오면 오해를 받는다."

남현교회는 내가 은퇴하기 십 년 전 후임을 정했고 유학까지 시켜 목회를 이양했다. 은퇴 십 년 전 당회에서 장로님들에게 후임을 정하자고 했을 때 장로님들이 반대를 했다. "목사님, 지금 새 성전을 건축하고 입당해서 재정적으로 너무 어려운데 후계자 문제는 나중에 말씀하시면 안 되나요? 목사님 은퇴가 십 년도 더 남았는데 벌써 후계자를 정해야 하나요? 목사님

은퇴 문제를 꺼내면 레임덕 현상이 있어 교회가 어려워지지 않을까요?" 그때 내가 이렇게 말씀드렸다. "장로님들 말씀도 맞습니다. 그러나 사람이 죽는 것은 하나님께서 정하신 법이요 은퇴는 총회 헌법에 정한 법입니다. 지혜로운 사람은 준비하는 사람이요 미련한 사람은 준비하지 못하는 사람입니다. 요즘 교회들 후계 문제 때문에 몸살을 앓고 있습니다. 우리 교회는 후계자를 미리 정하고 잘 키워서 은혜롭게 교회를 물려주고 싶습니다." 당회에서 잘 말씀드려 허락을 받고 후임을 모셔오게 되었다. 오래 전 우리 교회에서 사 년을 시무했고 분당우리교회에서 육 년을 시무한 목사님이다. 목사님은 다시 남현교회에 오셔서 삼 년을 시무하고 유학을 떠났고 유학 사 년 후 돌아오셔서 이 년 동안 동사 사역을 하고 목회를 이양했다. 내가 후임을 일찍 정한 것은 네 가지 이유가 있다.

1) 후임을 일찍 정하고 잘 키워서 물려주고 싶었다.

한국 교회가 후임 문제로 몸살을 앓고 있는 것이 안타까웠다. 준비만 잘 하면 되는데 전혀 준비하지 못하고 갑자기 후임을 정하니까 어려운 일들이 많은 것이다. 그래서 은퇴하기 십 년 전에는 후계자를 정해야겠다는 마음을 가지고 기도해 왔다. 한국 교회에서 가장 은혜롭게 후임에게 이양한 모델 교회로 선한 영향력을 끼치고 싶었다.

2) 사람은 나이가 육십오 세가 넘으면 명예욕과 자식에게 물려주고 싶은 욕심이 생긴다.

3) 담임 목사 나이 육십오 세가 넘으면 본인이 원하는 후임을 정하기 힘든다.

4) 아들이 신학을 하고 있었기 때문이다.

세습이 다 나쁜 것은 아니지만 덕이 되지 않는다. 반대자들의 집중적인 공격을 받고 이것 때문에 얼마나 하나님 영광을 가리고 전도 길이 막히는지 모른다. 아무리 좋은 은사도 덕이 되지 않으면 행하지 않는 게 좋다. 내가 장로님들에게 여러 번 말씀드렸다. "만약 교회 전체가 아들을 후계로 결정해도 나는 하지 않습니다. 이것은 법의 문제가 아니라 건덕상의 문제입니다."

세습할지도 모른다.

후임을 정해서 유학 보냈고 은퇴할 때도 얼마 남지 않았기 때문에 아들 목사와 약속을 지키기 위해 부목사로 청빙하려고 했다. 그것도 아들 목사를 이 년만 있다가 유학을 보내겠다고 당회에서 분명히 말했는데 이상한 소문이 걷잡을 수 없게 퍼져나갔다. "담임 목사님께서 아들 목사를 부목사로 데려오는데 세습할지도 모른다." 전혀 예상하지 못했던 일이다. 내가 일생 목회하면서 그래도 진실하게 목회해 왔다고 생각했는데 중직자 중에서 몇 분이 아들 목사 데려오는 것을 반대하고 나선 것이다.

그렇게 되면 부교역자들은 담임 목사 편을 들어야 한다. "우리 목사님 결코 세습하실 분 아니십니다. 이미 후임까지 결정하셨는데 절대 그럴 리 없습니다. 지금까지 사십 년 동안 진실하게 목회하신 목사님을 못 믿으시면 누구를 믿습니까?" 그런데 그렇질 않았다. 부교역자 중 한두 명이 성도들에게 부채질을 했다. "어떤 교회는 세습 안 한다고 약속했다가 갑자기 세습했습니다." 나는 그래도 교역자들만은 적극적으로 제 편인 줄 알았다가 큰 실망이 왔다.

그러나 기도하면서 깊이 생각했다. "부교역자들은 내 자녀나 마찬가지다. 자녀를 양육하다 보면 얼마나 말을 안 듣는가? 얼마나 엉뚱한 소리를 하는가? 아빠! 이제부터 내 아빠 아냐? 아빠하고 안 놀 거야. 아빠 미워" 투정부릴 자격이 없는데도 투정을 부린다. 그래도 부모는 자녀를 사랑한다. "부교역자들 아무리 속을 썩여도 내 자녀지. 성도들이 아무리 속을 썩여도 내 자녀! 부모가 자녀를 사랑할 때는 일방적으로 사랑하는 거야! 자녀에 대한 부모의 사랑은 짝사랑이야! 지금까지도 그래 왔지만 앞으로도 일방적으로 사랑만 해야지!" 이런 마음으로 목회를 하니 모든 소란이 잠잠해졌고 아들이 부목사로 왔다. 그리고 이 년 동안 잘 시무하고 후임 목사가 유학을 마치고 들어오기 두 주 전 미국으로 유학을 떠났다. 나는 부목사님 중 어느 목사님이 그런 일 한 것을 다 알고 있다. 그러나 목사님을 불러 "그럴 수 있느냐? 왜 그랬느냐?" 한 번도 묻지도 책망하지도 않았고 다 용서하고 계속 시무하게 했다.

우리 교회는 부교역자가 오면 다른 교회 알아보라는 소리를 안 하고, 있을 때까지 계속 있게 한다. 그리고 부교역자들이 원하는 대로 교회를 개척시켜 주던지 선교사로 파송시켜 준다. 나는 문제를 일으켰던 부교역자들도 다른 부교역자와 똑같은 예우를 했다. 목사님들에 대한 판단은 하나님께서 하신다. 나는 용서하고 사랑만 하면 된다. 이것이 짝사랑 아버지 사랑이다.

어떤 분은 이렇게 말한다. "목사님! 목사님은 십 년 전에 후임을 정해 유학까지 시켰는데 목사님 은퇴하신 후 후임 목사님이 목사님을 배반하면 어떻게 합니까?" 제가 이렇게 대답했다. "후임 목사님을 일찍 정한 것은 제가 대접받기 위한 것이 아닙니다." 어떻게 물려주어야 교회가 안정되고 유익할까? 오직 교회를 위해 일찍 정한 것입니다. "후임 목사님이 나를 배반하지도 않겠지만 혹시 배신한다 해도 괜찮습니다. 나는 계속 일방적으로 사랑만 하면 됩니다." 아가페 사랑을 하니까 마음이 편하고 성도들을 바라만 봐도 행복하다. 하나님 사랑이 바로 이런 사랑이기 때문이다.

03

짝사랑만 할 수 있다면

나를 사랑하는 사람 유익을 주는 사람을 사랑하는 것은 세상 사람 누구나 할 수 있다. 그러나 일방적인 짝사랑은 믿음의 힘으로만 할 수 있다. 짝사랑 곧 일방적인 사랑만 가지면 교회가 얼마나 은혜로울까? 이런 사랑만 있으면 노회가 얼마나 은혜로울까? 총회가 얼마나 은혜로울까? 문제 될 게 아무것도 없다. 고소 고발이 없어지고 세상 법정까지 가서 망신당하는 일이 없을 것이다. 성경은 다음과 같이 말씀하고 있다.

(고전 13:1) 내가 사람의 방언과 천사의 말을 할지라도 사랑이 없으면 소리 나는 구리와 울리는 꽹과리가 되고
(고전 13:2) 내가 예언하는 능력이 있어 모든 비밀과 모든 지식을 알고 또 산을 옮길 만한 모든 믿음이 있을지라도 사랑이 없으면 내가 아무것도 아니요
(고전 13:3) 내가 내게 있는 모든 것으로 구제하고 또 내 몸을 불사르게 내줄지라도 사랑이 없으면 내게 아무 유익이 없느니라

(고전 13:13) 그런즉 믿음, 소망, 사랑, 이 세 가지는 항상 있을 것인데 그 중의 제일은 사랑이라

어느 누가 전 재산을 팔아 구제할 수 있을까? 어느 누가 다른 사람을 위해 자기 몸을 불사를 수 있을까? 그런데 그런 일을 해도 사랑이 없으면 아무것도 아니라는 말씀이다. 그러면서 결론을 이렇게 맺는다. "믿음 소망 사랑 이 세 가지는 항상 있을 것이다." 그런데 그중에서 제일은 사랑이다. 믿음 생활에 있어서 제일 중요한 것이 사랑이라는 뜻이다. 오늘날 성도들을 보면 안타까울 때가 많다. 믿음 생활도 뜨겁게 하고 봉사도 잘한다. 제자훈련도 잘 받고 전도도 잘하고 선교도 잘한다. 그런데 사랑이 없다. 믿음 생활에서 가장 중요한 것이 사랑인데 사랑 빼놓고 다른 것은 다 잘하는 것이다. 기독교의 사랑은 다른 종교의 사랑보다 차원 높은 사랑이어야 한다. 차원 높은 사랑을 실천할 때 믿음의 능력이 나타나는 것이다. 할렐루야!

04

목회 속앓이

나는 목회하기 전 이렇게 생각했다. "내가 진심으로 섬기면 언젠가는 내 진심을 알게 될 것이다." 그러나 그렇지 않았다. 내가 아무리 진실하게 섬겨도 그것을 믿어주지 않고 도리어 비방하고 등을 돌리는 일이 많았다. 그래서 나는 생각을 바꿨다. "다른 사람은 어떻게 생각하던 내가 할 일만 하면 된다. 하나님 앞에 부끄러움이 없으면 된다. 아무리 나를 욕하고 등을 돌려도 끝까지 사랑하면 된다. 나를 싫어하는 것은 그 사람의 자유다. 나를 싫어한다 해서 나도 싫어하고 나를 비판한다 해서 나도 비판하면, 그 사람보다 낳은 것이 무엇이겠는가? 인색하다 해서 나도 인색하고 등을 돌린다 해서 나도 등을 돌리면 똑같은 사람이 되는 것이다. 다른 사람 어떻게 생각하든지 하나님 앞에서 부끄러움 없는 섬김으로 섬기겠다는 마음을 가질 때 쉬운 목회 행복한 목회를 할 수 있었다."

요셉의 관용을 보면 안다. 자기를 애굽에 판 형들을 만났을 때 어떻게 했나? 모든 것을 다 용서하고 도리어 형들이 염려할까 봐 위로한다. "형님들!

모든 일은 하나님께서 하신 일이니 염려하지 마세요." 만약 형들을 용서하지 못하고 벌을 내렸다면 팔아먹은 형이나 벌을 내린 요셉이나 똑같은 수준이다. 그러나 요셉은 형들을 일방적으로 짝사랑했다.

05

할 일만 하면 됩니다

우리 교회가 2층에서 개척하고 있던 시기에 교육 전도사로 있다가 개척해 나가신 전도사님이 계신다. 비록 개척 교회 시절이지만 최선을 다해 요즘 가치로 삼천만 원을 도와드렸고 매달 백만 원 정도를 후원하기로 했다. 그리고 여전도회에서 설립 예배 때 선물도 준비하고 음식도 준비하기로 결정했다. 그런데 아무리 기다려도 설립 예배 드린다는 연락이 없었고 너무 약하게 도와줘서 서운하다는 말이 들려왔다. 그 후 한 번의 전화도 없고 연락을 아주 끊어버렸다. 당시는 당회나 선교위원회가 조직되지 않았던 시기이기 때문에 선교에 대한 모든 것을 재정부에서 담당하고 있었다. 재정부 집사들이 더 이상 도와주지 말고 끊어야 한다고 강하게 말했다. "목사님! 우리 교회도 2층에서 월세로 있는데 최선을 다해 도와줬습니다. 그런데 그 은혜를 모르고 연락도 안 합니다. 일시불로 도와준 것은 어찌할 수 없지만 매달 도와주기로 한 것은 끊어야 합니다."

내가 재정 집사들에게 말했다. "왜 전도사님과 똑같은 사람이 되려 하십니까? 전도사님이 그렇게 나온다 해서 끊어버리면 전도사님이나 우리나 똑같은 수준이 됩니다. 단지 누가 먼저 시작했느냐만 다를 뿐입니다. 우리는 최선을 다해 할 일만 하면 됩니다. 그래도 상대방이 받아들이지 않으면 할 수 없습니다. 판단은 하나님이 하십니다. 더구나 우리가 돕는 것이 전도사님이 아니라 교회입니다." 전도사님은 계속 연락을 안 했지만 약속한 후원을 이 년 동안 계속했다. 우리는 일방적으로 할 일만 하면 되기 때문이다.

요즘 목사님들 정말 똑똑하다. 대학 나오고 총신대 신학대학원 나올 정도면 최고의 엘리트다. 문제는 실력은 있는데 인격이 부족하다. 실력은 있는데 사랑의 은사가 없다. 아무리 실력 있고 능력 있어도 사랑이 없으면 하나님께 인정받지 못한다.

06

목회 현장에 가면

　목회는 온전히 하나님께서 하신다. 아무리 실력 있고 능력 있어도 하나님께서 붙잡아 주지 않으면 실패할 수밖에 없다. 그러나 하나님이 도와주시면 실력이 부족하고 능력이 부족해도 잘 할 수 있다. 내 목회가 바로 그런 목회다. 하나님께서 왜 나 같은 사람을 사랑해 주셨을까? 요즘 사랑으로 목회하는 목회자가 드물기 때문이라 생각한다. 나는 사랑하는 흉내만 냈을 뿐인데도 하나님께서 사랑해 주셨다. 사탄은 기적도 행하고 능력도 행할 수 있지만 사탄이 결코 할 수 없는 일이 있다. 바로 사랑이다. 여러분은 기도의 제목을 바꿔야 한다. "하나님, 나에게 사랑의 은사를 주옵소서. 하나님! 우리 교회 사랑이 충만한 교회가 되게 하옵소서. 하나님! 우리 노회 사랑이 충만한 노회가 되게 하옵소서. 하나님! 우리 교단 사랑이 충만한 교단이 되게 하옵소서. 하나님! 우리 한국 교회 사랑이 충만하게 하여 주옵소서."

07

정당한 일 그 이상의 일

'워치만 니'(Watchman Nee)라는 신학자가 있다. 무교회주의적인 그의 신학 사상은 잘못되어 있지만 그의 책을 통한 삶의 현장 이야기는 감동을 주는 경우가 많다. 중국 농촌에 교회 나온 지 얼마 안 되는 초신자 한 분이 계셨다. 그런데 어느 날 자기 논의 물이 자꾸 줄어드는 것을 발견했다. 이상하게 생각하고 알아보니 옆에 있는 논 주인이 자기 논에서 몰래 물을 빼가는 것이다. 그는 비록 초신자였지만 참기로 했다. "믿는 사람이 싸워서 되겠나?" 그리고 원 상태로 회복시켜 놓았다. 그런데 웬일인가? 그 이튿날 또 다시 수로를 돌려놓은 것이다. "아니! 이럴 수가 있나?" 분노가 생겼지만 참았다. "믿는 사람이 화를 내서는 안 되지!" 그리고 하나님께 기도했다. "주님 저 사람은 분명 잘못했고 나는 정당한 일을 했습니다. 그런데 왜 내 마음에 평안이 없을까요?" 그리고 계속해서 성령님의 도움을 구했다. 그런데 얼마 안 되어 심령 속에 세미한 음성이 들려왔다. "너는 정당한 일을 위해서만 살겠느냐? 그 이상으로 살 수 없겠느냐?"

그 성도는 곰곰이 생각했다. "정당한 일 그 이상의 일은 무엇을 말할까?" 드디어 깨달음이 왔다. 이튿날 일찍이 일어나 논으로 가서 그 사람이 수로를 돌려놓기 전에 자기가 먼저 논의 수로를 이웃 논으로 돌려났다. 그 후 비로소 마음에 평안이 찾아왔다. 그런데 얼마 후 놀라운 일이 생겼다. 옆 논 주인이 찾아와서 용서를 빌면서 다음과 같이 고백한 것이다. "당신은 정말 예수 믿는 사람입니다. 내가 그렇게 나쁜 일을 했는데도 화를 내지 않고 도리어 나를 배려해 주기까지 했습니다. 나도 이제 당신처럼 예수를 믿고 싶습니다."

그렇다. 그리스도인의 삶의 목표는 단순히 올바른 삶만 사는 것이 아니라 그 이상의 삶을 살아야 한다. 많은 사람들이 오해하는 부분이 있다. "내가 올바르게 사는데 왜 간섭이냐? 내가 올바르기 때문에 당신이 고쳐야 한다. 나는 법대로 하기 때문에 내가 옳다." 나를 사랑하는 사람은 누구든지 사랑할 수 있다. 나에게 유익을 주는 사람 누구든지 사랑할 수 있다. 목사는 세상 사람이 사랑할 수 없는 사랑을 실천해야 한다. 미워하는 사람도 사랑하고 손해를 끼치는 사람도 사랑하고 배반하는 사람도 사랑해야 한다. 이것이 아버지 사랑 짝사랑이다. 짝사랑 목회를 하면 하나님이 기뻐하시고 은혜를 주셔서 쉬운 목회 행복한 목회를 할 수 있다.

9장

교회 사랑 목회

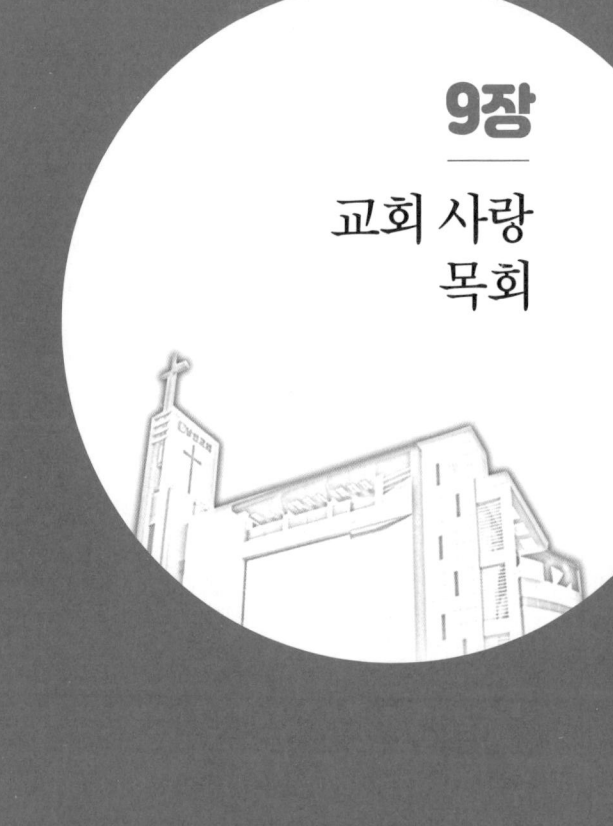

"이 외의 일은 고사하고 아직도 날마다 내 속에 눌리는 일이 있으니 곧 모든 교회를 위하여 염려하는 것이라 누가 약하면 내가 약하지 아니하며 누가 실족하게 되면 내가 애타지 아니하더냐"(고린도후서 11:28-29).

많은 분이 오해하는 것이 있다. 모든 것은 하나님께서 준비하실 테니 우리는 기도만 하면 된다는 생각이다. 그러나 나는 그렇게 생각하지 않는다. 모든 것은 하나님이 이루신다. 그러나 최선을 다해 준비해야 한다. 나는 지금까지 줄곧 준비하는 목회를 했다. 개척한 지 이 년 후부터 은급을 준비했다. 이층에서 세를 들어 있으면서 월세 내기도 힘들었을 때다. 그렇게 준비했기 때문에 은퇴 후에도 왕성하게 활동할 수 있다. 교회 건축도 마찬가지다. 교회 개척 삼 년 차부터 반석 헌금을 시작했고 꾸준히 준비했다. 그리고 하나님의 은혜로 건평 삼천사백 평의 성전을 건축하게 하셨다. 후임도 마찬가지다. 나는 한국 교회가 후임 문제로 몸살을 앓고 있는 것을 자주 봤다. 일생 목회를 잘하신 목사님들이 후임 때문에 한순간 무너지는 것이다.

01

교회만 바로 세워질 수 있다면

나는 하나님께 이런 기도를 했다. "하나님! 나는 은퇴 10년 전에 후임을 정하고 싶습니다. 후임이 저와 함께 오랫동안 동역하고 유학까지 시킨 후 물려주고 싶습니다. 한국 교회에서 가장 모범이 된 승계를 이루고 싶습니다."

내가 무엇 때문에 개척해서 잘 성장시킨 교회를 아들에게 세습하지 않았을까? 왜 후임을 일찍 정해 십 년 동안이나 키웠을까? 당연히 교회를 위한 염려 때문이다. 교회만 바로 세워질 수 있다면 어떤 희생도 감수해야 한다. 은퇴할 때 한 성도도 상처받아서는 안 된다. 충청협의회 목사님들로부터도 원망스러운 말을 많이 들었다. "목사님! 목사님은 왜 그렇게 좋은 교회를 아들에게 물려주든지 아니면 충청도 목사에게라도 물려 줘야지 호남 목사님께 물려주십니까?"

남현교회는 충청협의회 사무실이나 마찬가지다. 임원회는 물론 총회도 남현교회에서 모일 때가 많기 때문이다. 그런데 다른 지역 목사를 후계자로 세운 것이 너무 서운한 것이다. 심지어 같은 지역에 있는 다른 교단 목사님들은 합동 측 교단을 떠나라고까지 했다. 은퇴가 없는 교단으로 옮겨 계속 목회하라는 것이다. 나 듣기 좋아하라고 하시는 말씀이지만 너무 마음이 서글펐다. 한국 교회 목사님들의 수준이 이 정도밖에 되지 않는가?

나는 처음부터 후임을 정할 때 지역 따지지 않기로 했다. 오직 한 가지만 보고 정했는데 남현교회를 잘 목양할 수 있는 목사님이다. 교회만 바로 세워질 수 있다면 같은 지역이 아니라도 괜찮다. 원로인 나에게 잘하지 않아도 괜찮다. 내가 일생 목회하면서 생각해 온 규정이 있다. 목사가 교회를 위해서 존재하는가? 교회가 목사를 위해서 존재하는가? 만약 교회가 목사를 위해 존재한다면 교회가 희생하고 목사가 살아야 한다. 그러나 목사가 교회를 위해 존재한다면 목사가 희생하고 교회가 살아야 한다. 당연히 목사가 주님의 몸 된 교회를 위해 존재한다. 목사는 교회가 살 수 있다면 모든 것을 내려놓아야 한다. 아무리 손해를 봐도 아무리 억울해도 바로 내려놓아야 한다. 그런데 교회는 어떻게 되든지 억울하다고 소송하는 경우가 많다. 문제는 노회 재판도 승복하지 않고 총회 재판도 승복하지 않는다는 것이다. 결국 세상 법정까지 가서 싸운다. 이런 과정에서 교회는 상처를 입고 만신창이가 되고 만다.

02

기관이 나를 위해

몇 년 전 GMS(총회세계선교회)에 큰 어려움이 있었다. 총무를 중심으로 선교사 중 일부가 이사회에 반기를 든 것이다. GMS의 큰 위기였다. 그때 총무가 나에게 도와 달라는 요청이 왔다. 나는 한마디로 거절했다. 개인적인 관계로 보면 도와주어야 하지만 총무 때문에 GMS가 어려워져서는 안 되기 때문이다. 나는 총무에게 이렇게 말했다. "총무님! GMS가 총무님을 위해 존재합니까? 총무님이 GMS를 위해 존재합니까? 당연히 총무님이 GMS를 위해 존재하지요. 총무님 때문에 GMS가 어려워져서야 되겠습니까? 총무님은 GMS 사람입니다. 그리고 GMS로부터 받은 은혜가 큽니다. 그런데 총무님 때문에 GMS가 흔들려서야 되겠습니까? GMS가 흔들리면 교회들이 선교에 부정적인 시각을 가지게 되고 세계 선교에 큰 타격을 받게 됩니다. 우리 합동 측 여러 가지 문제점도 많지만 그래도 자랑할 것은 선교입니다. 다른 교단들보다 월등하게 선교사를 많이 파송했고 관리시스템도 다른 교단에서 부러워하고 있습니다. 그런데 선교사님 때문에 GMS가 흔들려서야 되겠습니까? 물론 이사회가 다 잘했다는 것은 아닙니다. 그러나 GMS가 살아야 하기 때문에 총무님이 내려놓아야 합니다. 답답해도 억울해도 선교사님이 GMS를 위해 내려놓으세요. 답답하게 생각되지만, 법적인 절차를 따라 문제를 해결했으면 좋겠습니다."

그동안 총신대학이 학내 문제로 관선이사 체제로 들어갔고 많은 어려움이 있었지만 정이사 체제로 돌아온 것은 무척 다행스러운 일이다. 총신 사태가 왜 왔을까? 많은 복합적인 문제가 있다. 그러나 핵심적인 것은 내가 총신을 위해 존재하는지 총신이 나를 위해 존재하는지의 문제다. 총신이 나를 위해 존재한다면 총신은 만신창이가 되어도 내 뜻대로 반영되어야 하고 내가 살아야 한다. 그러나 내가 총신을 위해 존재한다면 아무리 옳은 일이라도 나 때문에 총신이 어려워진다면 내려놓아야 한다. 그런데 선배들이 눈물과 기도로 이루어 놓은 총신이 만신창이가 되어도 내 고집을 내려놓지 못한다. 이것은 어느 한 사람 이야기가 아니고 관계된 모든 사람을 말한다. 결국 관선 체제로 넘어가 학교 이미지에 큰 상처를 입힌 것이다. 이것은 옳고 그름을 따지는 것이 아니다. 옳고 그름 전에 총신을 먼저 생각했다면 문제는 쉽게 해결되었을 것이다.

03

교회가 나를 위해

몇 년 전 몇 개 처의 합동 측 대형 교회들 때문에 세상이 떠들썩했다. 재정 문제, 학위 문제, 이성 문제 등이다. 이 사건으로 한국 교회 그리고 합동 측 교회가 큰 상처를 입었다. 당시 해당 목사님들 억울한 일이 많았을 것이다. 어떻게든 진실을 밝히고 억울함을 풀고 싶었을 것이다. 그러나 교회를 생각했다면 당연히 내려놓고 하나님께 맡겼어야 했다. 그런데 소송이 계속되면서 교회가 크게 상처를 입어 흔들렸다. 결국 세상 법정까지 가게 되었고 불신자들까지 다 알게 되었다. 교회를 향한 비판의 화살이 쏟아졌고 하나님의 영광이 가리어지면서 전도 길이 막혔다. 몇 사람의 목사 때문에 한국 교회 그리고 합동 측 전 교회가 손해를 입은 것이다.

교회가 나를 위해서 있다면 내 진실을 밝히기 위해 교회가 무너져도 된다. 그러나 내가 교회를 위해 있다면 교회를 살리기 위해 억울함을 안고 물러나야 한다. 그러면 하나님께서 역사하게 되어 있다. 진실은 땅에 묻히지 않고 드러나게 되어 있다는 사실을 알아야 한다. 얼마 전 M교회 세습 문제 때문에 세상이 떠들썩했다. 세상 사람들로부터 손가락질당했다. 세습이 법적으로 가능한지 아닌지, 어떤 방법을 써야 법에 저촉되지 않는지는 중요하지 않다. 이것은 법의 문제가 아니라 건덕상의 문제이기 때문이다. M교회 세습 때문에 한국 교회가 얼마나 큰 상처를 입었는지 모른다. "교회는 어떻게 되던 목적을 이루면 된다. 싫은 사람 다른 교회 가면 된다. 시간이 지나면 잠잠해진다." 어떻게 이런 생각을 어떻게 할 수 있는지 놀라울 뿐이다. 교회 규모가 크면 그만한 사회적 책임이 있다. 세습이 다 나쁜 것은 아니다. 작은 교회는 세습해도 유익한 점이 많은 것이다. 그러나 대형 교회는 한국 교회 그리고 사회에 대한 책임을 감당해야 한다.

다시 한번 생각해 본다. '총회가 나를 위해 존재하는가? 내가 총회를 위해 존재하는가? 노회가 나를 위해 존재하는가? 내가 노회를 위해 존재하는가? GMS가 나를 위해 존재하는가? 내가 GMS를 위해 존재하는가? 총신이 나를 위해 존재하는가? 내가 총신을 위해 존재하는가?' 이 한 가지만 지켜져도 총회가 살고 총회에 속해 있는 모든 기관이 살 수 있다. 자신의 이기심 때문에 아집 때문에 내가 속해 있는 기관이 어려워지면 하나님께서 그 책임을 나에게 물으신다는 사실을 명심해야 한다.

04

바울의 고백

바울은 다음과 같이 고백했다.

"그들이 그리스도의 일꾼이냐 정신 없는 말을 하거니와 나는 더욱 그러하도다 내가 수고를 넘치도록 하고 옥에 갇히기도 더 많이 하고 매도 수없이 맞고 여러 번 죽을 뻔하였으니 유대인들에게 사십에서 하나 감한 매를 다섯 번 맞았으며 세 번 태장으로 맞고 한 번 돌로 맞고 세 번 파선하고 일 주야를 깊은 바다에서 지냈으며 여러 번 여행하면서 강의 위험과 강도의 위험과 동족의 위험과 이방인의 위험과 시내의 위험과 광야의 위험과 바다의 위험과 거짓 형제 중의 위험을 당하고 또 수고하며 애쓰고 여러 번 자지 못하고 주리며 목마르고 여러 번 굶고 춥고 헐벗었노라 이 외의 일은 고사하고 아직도 날마다 내 속에 눌리는 일이 있으니 곧 모든 교회를 위하여 염려하는 것이라"(고린도후서 11:23-28).

자신이 복음을 위해 얼마나 많은 수고를 했고 얼마나 많은 고난을 받았는지 고백하고 있다. 바울은 복음을 위해 사람이 당할 수 있는 모든 고통을 당했다. 옥에 갇히기를 수없이 했고, 수없이 맞고 여러 번 죽을 뻔했다. 유대인들에게 사십에서 하나 감한 매를 다섯 번 맞았고, 세 번 태장으로 맞고 한번 돌로 맞고, 세 번 파선하고 강의 위험 강도의 위험 동족의 위험, 이방인의 위험, 광야의 위험을 당하고, 잠도 못 자고, 목마르고 굶주리고 헐벗었다. 바울이 어떻게 이 많은 고난을 받고도 살아남을 수 있었을까? 그의 믿음이 경이롭다. 조그마한 어려움에도 어쩔 줄 몰라 하고 조그마한 자존심만 상해도 마음 아파하는 나 자신의 모습이 부끄러워진다.

그런데 바울은 그런 고통보다 더욱더 놀라는 일이 있다고 고백한다. 바로 교회를 위한 염려다. 내가 수많은 고통을 당했지만, 교회를 위한 염려에 비하면 아무것도 아니다. 교회만 바로 세워질 수 있다면, 복음만 전할 수 있다면, 교회만 평안할 수 있다면, 나는 고통당해도 괜찮고 죽어도 괜찮다. 이것이 바울의 고백이다. 나는 늘 이런 마음으로 목회하기 위해 힘썼다. 교회만 바로 세워질 수 있다면 모든 것을 내려놓겠다. 어떤 희생도 감수하겠다는 마음뿐이었다.

05

세 번째 지교회

거듭 말하지만 남현교회는 부교역자로 부임하면 본인이 사임하기 전에는 다른 교회 알아보라는 소리를 않는다. 더 좋은 교회 부교역자로 가든 담임 목사로 부임하든 개척을 시키던 선교사로 파송하던 본인이 원하는 길을 열어 주기 위해 힘쓴다. 지금까지 각기 다른 지역에 일곱 개의 지교회를 설립했는데 2011년 세 번째 지교회를 설립할 때 일이다. 개척을 준비하는 목사님께 말씀드렸다. "목사님! 꼭 개척지가 아니라도 교회를 건축했지만, 재정 감당이 어려워 내놓은 교회가 많고 경매까지 넘어가는 교회가 있다고 들었습니다. 개척지와 함께 그런 곳도 알아보세요."

그러던 중 천안에 있는 교회를 소개받게 되었다. 교회를 개척하신 목사님이 십팔 년간 목회하면서 교회까지 건축했는데 교통사고로 갑자기 소천하신 것이다. 교인이 이백 명 정도 모이는데 부채가 이십억에 가까웠다. 후임 목사님을 모셨는데 감당하지 못하고 사임했고 또 다른 목사님을 모셨는데 감당하지 못하고 사임을 했다. 그런 과정에서 성도들이 오 육십 명 정도

밖에는 남지 않았다. 그리고 이십억에 대한 원금과 이자를 갚지 못해 경매에 넘어갈 위기에 놓여 있었다.

개척을 준비하고 있던 목사님이 그 교회에 가서 선을 봤는데 강력하게 오시기를 청해서 두 가지 조건이 해결되면 가겠다고 했다. 첫째는 현재 다른 교단에 소속해 있는데 합동 측 교단으로 옮기는 것이다. 둘째는 교회 이름에 남현교회를 넣는 것이다. 어려운 일이었다. 그런데 하나님께서 역사하셔서 임시당회장으로 있던 그 교단 목사님이 공동의회를 통해 백석 측에서 합동 측으로 옮기는 것을 가결해 줬다. 그리고 교회 이름이 새 누리교회였는데 새누리 남현교회로 변경하기로 가결했다. 남현교회에서는 우선 급한 재정을 정리해서 경매를 막고 부채 십팔억은 이자로 감당하기로 하고 부임을 결정했다.

06

대형 교회 횡포

기독신문사에서 남현교회에서 임직 기념으로 지교회를 설립한다는 소식을 듣고 기자가 찾아와 인터뷰했다. 나는 앞으로 계속 임직 때마다 지교회를 설립할 계획이고 은퇴할 때까지 열 개의 지교회를 목표하고 있다고 말했다. 그리고 이번에 설립하는 천안 남현교회는 개척이 아니라 교회를 인수해서 부임해 가는 것이라고 설명을 했다. 그런데 기자가 남현교회에서는 임직 때마다 임직 기념으로 지교회를 설립하는데 세 번째로 천안에 새누리 남현교회를 개척 설립했다고 기사를 썼다. 그런데 문제가 터졌다. 그 기사를 소천하신 목사님 사모님이 보게 된 것이다.

하루는 밤 10시에 천안에서 어떤 권사님으로부터 전화가 왔다. 소천하신 목사님 장모 되는 권사님이셨다. 전화를 받자마자 욕부터 하기 시작했다.

"요즘 대형교회 횡포가 말이 아닙니다. 우리 교회가 왜 개척한 교회입니까? 이미 있는 교회에 부임했는데 왜 지교회 개척입니까? 목사님은 그렇게 지교회 개척한 것을 자랑하고 싶습니까? 명예심에 눈이 어두워진 목사군요."

나는 신문 기사가 그렇게 난 줄도 모르고 있었는데 갑자기 공격부터 해서 깜짝 놀랐다. 나는 무조건 죄송하다고 했다. 그리고 왜 그러시는지 물었다. 권사님이 기독신문 이야기를 했고 기독신문을 보고서야 그 이유를 알았다. 내 의도와는 다르게 기자가 기사를 잘못 낸 것이라고 설명을 했지만 계속 공격했다. 나중에는 소천하신 목사님 딸이 고등학교 2학년인데 나한테 전화해서 울면서 공격했다. 나는 대형 교회 목사한테 실망했습니다. 한국 교회에 실망했습니다. 앞으로 교회에 다닐 마음이 없습니다. 부임해 간 목사님은 어찌할 바를 몰랐다. 소천하신 목사님 사모님과 장모 권사님이 성도들을 선동했고 교회가 술렁이기 시작했다. 이대로 가다가는 목회도 못 하고 교회가 무너지게 생겼다. 권사님에게 전화해서 사정했다. "권사님! 제가 어떻게 해주면 되겠습니까? 권사님 요구하시는 것 무엇이든지 하겠습니다." 권사님이 제안했다. 기독신문에 천안 남현교회는 지교회 개척이 아니라 부임이라는 정정 보도를 내달라는 것이다.

그래서 그렇게 하겠다고 약속하고 기독신문사에 전화를 걸어 정정 보도를 내달라고 부탁했다. 기자는 미안하다고 하면서도 정정 보도를 내면 자기가 징계를 받고 사임해야 할지도 모른다고 했다. 실수한 것을 인정하는 것이 되기 때문이다. 그래서 권사님께 사정해서 정정 보도를 내면 기자가 다치기 때문에 사과문을 내겠다고 했다. 권사님은 이해하시고 허락했고 기독신문에 광고비를 내고 크게 사과문을 내기로 했다.

07

교회만 세워질 수 있다면

    당회와 선교위원회에서는 사과문을 내는 것에 대해 반대를 했다. "경매 넘어가는 것 해결해 주었더니 무슨 소리를 하는 것이냐?" 교회에서는 사모님께 육천만 원 드리기로 했던 것을 우리 교회에서 육천만 원을 더 드려 일억이천으로 올려드리기로 했다. 우리로서는 최선을 다했다. 더구나 당회장 목사님께서 그 교회 사모님과 장모 권사님에게 잘못했다고 몇 번을 사과했다. 그런데 왜 고집을 부리는지 모르겠다. 배은망덕한 사람들이라는 것이다. 물에 빠져 죽어 가는 사람 건져냈더니 보따리 내놓으라고 하는 것 아니냐는 것이다.

    내가 이런 말을 했다. "신문사에 사과문 내는 것이 무엇이 그렇게 힘듭니까? 광고비 들어가는 것이 뭐 그렇게 아깝습니까? 교회가 무너지지 않고 세워질 수 있다면 무슨 일인들 못 하겠습니까? 부임해 가신 목사님 목회만 잘 할 수 있다면 그 사람들 앞에서 무릎인들 못 꿇겠습니까? 예수님께서는 몸 된 교회를 위해 몸을 버려 피를 흘려 돌아가셨는데 사과문이 뭐가 그렇게 자존심 상하는 것입니까?"

결국 기독신문에 사과문을 냈고 그분들의 화가 풀어졌다. 그 후 하나님께서 역사하셔서 교회가 부흥되기 시작했고 목사님이 부임해 가실 때 오육십 명 모이던 교회가 현재 삼백 명 이상 모이는 교회로 성장했다. 기독신문에서 사과문을 본 동창 목사님께서 말씀하셨다. "목사님! 참 대단하십니다." 이 말에 나는 이렇게 대답했다. "목사님! 십자가 지신 예수님 생각하면 아무것도 아니지요. 그 많은 고난 중에서도 교회를 위해 염려한 바울을 생각하면 아무것도 아니지요. 교회만 바로 세워질 수 있다면 무슨 일인들 못하겠습니까? 부임해 가신 목사님 목회만 잘 하실 수 있다면 무슨 일인들 못하겠습니까?"

교회를 살리기 위해서는 내가 손해가 되고 억울해도 담대히 내려놓아야 한다. 노회가 살고 총회가 살기 위해서는 억울한 일을 당해도 소송으로 가지 말고 내려놓아야 한다. 나 한 사람 죽고 교회가 살 수 있다면, 나 한 사람 죽고 노회가 살 수 있다면, 나 한 사람 죽고 총회가 살 수 있다면 기꺼이 내려놓아야 한다. 내가 내려놓으면 그때부터 하나님께서 역사하신다.

10장

편애하지 않는 목회

교회에서 문제가 생기는 것 중 하나는 성도들이 목회자에게 사랑을 더 받으려고 할 때다. 성도들이 목회자에게 사랑받고 싶어 하는 것은 당연하다. 그런데 목회자가 다른 사람은 사랑하는데 나에게는 관심이 없다고 생각할 때 시험에 든다. 목회자가 조심할 것은 늦게 온 분들이 일을 더 열심히 한다든지 헌금을 많이 한다든지 목회자에게 잘한다든지 할 경우다. 목회자도 사람이기 때문에 그 사람에게 관심을 더 가지게 되고 일을 더 많이 시키게 된다. 그렇게 되면 먼저 오신 분들이 시험에 들게 되는 경우가 많은데 목회자는 이런 일에 조심하지 않으면 안 된다.

나는 지금까지 성도들을 편애하지 않으려고 무척 노력했다. 아무리 헌금을 많이 하고 나한테 잘해도 다른 성도들과 똑같이 대하기 위해 힘썼다. 사십 년간 목회하면서 누구를 더 사랑하고 누구에게는 무관심하다는 말은 한 번도 들어본 적이 없다. 나는 교인들이 헌금한 것을 잘 안 보는 편이다. 헌금이 얼마나 나왔는지는 알지만 누가 얼마 했는지는 보지 않고 넘어간다.

01

작정 헌금 얼마나 나왔어요?

새 성전을 건축하기 전 성도들에게 작정 헌금을 시켰다. 부흥회 강사를 불러 작정시킨 것이 아니라 내가 직접 작정을 시켰다. 작정한 주일날 오후 건축위원장 장로님이 나에게 건축 헌금 작정 명단을 가져오겠다고 했지만 나는 가져오지 말라고 했다. "목사님! 누가 얼마를 작정했는지 아셔야 되잖아요? 장로님! 제가 전부터 헌금 작정한 명단을 보지 않은 것 아시잖아요, 이번에도 보지 않겠습니다. 명단을 봤다가 혹시 내 마음이 움직일까 봐 그렇습니다. 꼭 해야 할 사람이 안 했으면 내 마음이 얼마나 서운하겠습니까? 그러면 그 사람을 미워할 수 있습니다. 하지 못할 사람이 많이 했으면 내가 그 사람을 더 사랑할 수 있습니다. 그래서 보지 않는 것이 더 좋습니다. 얼마 작정한 것은 하나님만 아십니다. 나는 모든 성도들을 똑같이 사랑하고 싶습니다."

아내가 나에게 물었다. "목사님! 이번 작정 헌금 얼마나 나왔어요? 제일 많이 한 사람이 누구예요? 여보! 건축위원장 장로님이 명단 가져오겠다고 해서 가져오지 말라고 했습니다. 그래서 누가 얼마 작정했는지 모릅니다."
"목사님! 그래도 목사님이 명단을 봐야 기도할 것 아니예요? 명단을 보셔야 해요." 그러나 나는 끝까지 보지 않았다. 나는 아내를 사랑한다. 그러나 모든 말을 다 듣지는 않는다. 하나님이 기뻐하시는 일이라고 생각하면 아내에게 양해를 구하고 그대로 밀고 나간다. 그러나 성도들은 내가 보지 않은 것을 모르고 목사님은 다 알고 계실 것이라고 생각하고 있다.

개척 교회 시절 전도를 하다 놀라운 말을 들었다. "교회도 돈 있는 사람이 대접받는다면서요? 나도 교회 나가고 싶은데 돈 번 후에 가려고 해요." 교회가 어쩌다가 세상 사람들로부터 이런 평가를 듣게 되었는지 모른다. 교회는 빈부귀천 남녀노소가 차별 없어야 하며 누구든지 마음껏 믿음 생활하고 은사에 따라 마음껏 봉사할 수 있어야 한다. 세상에서는 돈 없으면 대우받지 못하고 소외당하지만 교회에서만은 환영받고 대우받아야 한다. 혹 목사 중에서 돈 있고 사회적 지위가 있는 사람을 선대하고 돈 없고 힘없는 사람들을 무시한다면 일찌감치 목사를 그만두는 것이 낫다. 특히 직분을 맡길 때 차별하면 성도들이 큰 상처를 받는다. 직분을 맡길 때 기준은 오직 한 가지 믿음을 봐야 한다. 돈이나 사회적 지위를 보고 맡기면 처음에는 좋았다가 나중에 문제가 생기는 것이다.

02

선거법 위반

　남현교회는 중직자를 임직할 때 교회 내규에 의해 선출한다. 내규에 보면 세상적 평가는 한 가지도 없다. 어느 지역 출신인지 어떤 학교를 나왔는지 세상 경력은 어떤지 모르는 상태에서 투표한다. 성도들에게 임직 후보자들에 대한 정보를 제공할 때 모두가 믿음 생활 경력뿐이다. 교회는 언제 등록했는지, 제자 훈련은 어떤 단계까지 받았는지, 성경 공부는 어떤 과정을 수료했는지, 교회 봉사는 어떤 기관에서 했는지, 현재는 어떤 봉사를 하고 있는지, 성도들은 후보자들의 신앙 이력과 경력만 보고 투표한다.

　서울에 있는 어떤 교회는 장로를 뽑는 데 우선 재산이 얼마나 있는지 학력은 어떻게 되는지 사회적 위치는 어떤지 이것을 먼저 보고 후보를 정한다고 한다. 그래야 장로답게 봉사할 수 있다는 주장이다. 그러면 돈 없고 못 배우고 힘없는 사람은 아무리 열심히 해도 장로가 될 수 없는 것인가? 이런 교회 때문에 교회도 돈 있어야 대우받는다는 비판을 듣는 것이다. 우리 교회는 임직 후보자를 정할 때 교회 정관에 나와 있는 자격에 부합한 사람을 후

보로 정한다. 그리고 일차 투표에서 득표수대로 선출 인원의 2/3를 뽑고 1/3은 당회서 추천하여 이차 투표를 한다. 2006년 임직 식 때의 일이다.

당회에서는 장로 5명 안수 집사 12명 권사 30명을 선출하기로 했다. 노회에 장로 증선 허가 청원을 해서 허락을 받고 임직 투표를 준비하고 있었다. 교회 규정대로 장로 5명 중 한 명은 협동 장로 중에서 추천하기로 결정했기 때문에 성도들 투표로 선출하는 인원은 4명이다. 교회 정관대로 3명은 성도들 투표에서 다득점자로 선정하고 한 명은 당회에서 추천하게 되어 있었다.

그런데 한번은 당회에서 한 장로님이 이런 말씀을 하셨다. "목사님! 이번 당회에서 추천하는 장로 후보는 L집사로 하는 것이 어떻겠습니까?" 참고로 L집사는 남현교회에서 헌금을 제일 많이 하는 집사로 교회 발전에 크게 기여한 분이시다. 내가 말했다. "장로님! 우리 교회 정관대로 이번 임직 투표 때 한 명의 장로를 추천하게 되어 있는데 정관에 보면 일차 투표하기 전에 당회 추천에 대해 이야기하면 안 되게 되어 있습니다. 일차 투표 후 당회에서 후보 선정할 때도 무기명으로 하게 되어 있습니다. 지금 누구를 추천하자고 하는 것은 선거법 위반입니다. 그리고 나는 L집사가 헌금은 많이 하지만 공 예배 참석과 봉사에 약하기 때문에 추천할 마음이 없습니다. 직분은 돈 많다고 되는 것이 아니라 믿음으로 되는 것입니다. 다시는 언급하지 않았으면 합니다."

장로님 한 분이 말씀하셨다. "목사님! 물론 공 예배 참석에 약하고 봉사에 약하지만 헌금은 믿음으로 하는 것입니다. 우리 교회에서 헌금을 제일 많이 하시되 월등하게 많이 하시고 겸손하셔서 앞에 나타나지도 않으시는 분이십니다. 이런 분을 안 시키고 누구를 시킵니까?" 내가 다시 입단속을 시켰다. "우리가 만든 정관을 우리가 지키지 않으면 누가 지킵니까? 추천 후보에 대해 언급하면 선거법 위반이니까 다시는 입 밖에 내지 않았으면 좋겠습니다. 직분은 하나님께서 맡기시기 때문에 하나님 뜻이면 되실 것입니다."

장로님들이 L집사를 추천해야 한다는 이유는 알고 있다. L집사는 헌금은 많이 하지만 전혀 앞에 나서지 않는 분이시다. 그래서 교인들은 L집사가 헌금 많이 하는 것을 전혀 모른다. 일억 이억 오억 이렇게 헌금하지만 교회 광고는 전혀 나가지 않는다. 나는 한 번도 성도들에게 "L집사가 일억을 헌금했습니다. 이억을 헌금했습니다. 감사한 일입니다." 이렇게 광고하지 않았다. 그냥 헌금자 명단에 같이 올라갈 뿐이다. 혹 성도들이 "교회도 돈 많이 내는 사람을 띄워주는구나" 생각을 하고 상처 받을 수 있기 때문이다.

그래서 안수 집사 임직을 받을 때도 늦게 받았다. 장로님들은 성도들이 L집사를 잘 알지 못하기 때문에 일차 투표에서는 3등 안에 들어가지 못할 것으로 알고 당회 추천으로 하자고 제안한 것이다. 그러나 직분을 인간적 생각과 방법으로 하면 처음에는 좋지만 교회에 문제가 생길 수 있다. 법은 빈부귀천 남녀노소가 다 평등하게 적용되어야 한다. 목회자가 직분을 주고 싶은 그 사람을 위해 인간적 방법을 사용하는 것은 잘못된 일이다. 모든 것을 하나님께 맡기고 투표에 의해 정해야 한다.

　그런데 놀라운 일이 일어났다. 일차 투표 결과 L집사가 3등 안에 들어간 것이다. 당회 추천 없이도 이차 투표에 추천되었고 이차 투표에서 2/3 득표로 장로 임직을 받게 된 것이다. 만약 당회에서 내가 먼저 장로 추천은 L집사로 해야 한다고 말했다든지 장로님들이 말했을 때 당연히 L집사를 추천해야 한다고 했다면 장로님들이 이렇게 생각했을 것이다. 목사님도 돈 많은 성도에게 휩쓸리는구나! 역시 교회는 돈 많은 사람이 직분을 받는 것이구나! 그러나 내가 단호하게 안 된다고 했고 그래도 L집사가 임직을 받게 되었기 때문에 장로님들이 나를 좋게 평가하게 되었다. "우리 담임 목사님 물질에 휘둘리는 분이 아니시구나!" L집사는 장로 임직을 받은 후 새 성전 건축에 헌신하셨는데 1백억 정도의 헌금을 하셨다. 하나님께서 성전 건축을 위해 필요하신 분을 준비하신 것이다. 제비는 사람이 뽑지만 결정하시는 분은 하나님이시다.

03

부흥보다 평안

나는 가능하면 어려운 분들이나 믿음 생활 열심히 하지 않는 분들에게 더 관심을 가지기 위해 힘썼다. 마음껏 헌금하고 마음껏 봉사하는 분들은 관심을 덜 가져도 상처를 덜 받는다. 그러나 못하시는 분들은 이미 마음에 상처가 있는 분들이다. 목회자가 조금이라도 서운하게 하면 금방 상처를 받는다. 사람 몸에 상처가 나면 그 상처를 조금만 건드려도 아프다. 그러나 상처 나지 않은 자리는 강하게 부딪쳐도 아프지 않다. 그렇기 때문에 헌금 생활 많이 하시는 분들보다 못 하시는 분들에게 더 관심과 사랑을 가져야 하고 믿음 생활 열심히 못 하시는 분들에게 더 관심을 가져야 한다.

나는 인사 행정을 하는데도 처음부터 순서대로 하기 위해 힘썼다. 먼저 오신 분들에게 우선권을 드리고 못 하게 될 경우만 다음 분들을 시켰다. 단점은 늦게 오신 분들 중에서 좋은 분들에게 일을 빨리 맡길 수 없기 때문에 교회 성장이 늦는 경우가 있다. 그러나 목회는 부흥보다는 평안을 추구해야 한다. 순서대로 시키는 문제 때문에 불평도 많이 들었다. 장로님들까지도 순서대로 하지 말고 새로운 분들을 쓰자고 하는 경우가 많았다. 그러나 나는 지금까지 그 원칙을 고수하고 있다. 모든 성도들을 평등하게 사랑하고 평등하게 기회를 주기 위해서다. 아무리 일에 능률이 올라도 한 사람의 성도가 상처를 받는다면 그 능률은 잘못된 것이다. 성과보다 사람이 더 중요한 것이다.

교회는 누구든지 평안한 마음으로 믿음 생활을 하고 위로 받으며 기쁨으로 봉사할 수 있어야 한다. 돈 없고 힘없는 사람들 세상에서는 환영받지 못 하지만 교회 안에서만은 차별 없이 대우받아야 한다. 내가 교역자들에게 항상 하는 말이 있다. "복음을 위해 힘쓰는 것도 좋지만 서로 경쟁하지 마세요. 나는 살벌하게 경쟁해서 부흥하는 것보다 부흥이 늦어도 평안한 것을 원합니다. 세상 살기 만만치 않은데 교회 와서까지 상처받고 스트레스가 쌓여서 돌아가면 얼마나 힘들겠습니까?"

11장

위임하는 목회

많은 목사가 나 아니면 안 된다는 생각으로 다른 사람에게 위임하지 않고 혼자 다 하려는 경우가 많다. 목회는 동역자들에게 사역을 위임하고 같이 사역해야 한다. 특히 장로는 목회자의 동역자로 세워진 일꾼이기 때문에 많은 부분 장로들에게 위임해야 한다. 세워만 놓고 일을 시키지 않으면 문제만 일으킨다. 장로로 세웠으면 장로에 걸맞은 일을 시켜야 하는 것이다.

01

장로에게

우리 교회는 사역팀, 교육 기관, 찬양대, 찬양단, 남녀전도회, 안수집사회, 권사회 등 각 기관을 지도하는 위원장을 장로들에게 맡긴다. 한 달에 한 번씩 하는 월례회 때 말씀 전하는 것까지 부목사에게 맡기지 않고 위원장들에게 맡긴다. 위원장은 이름만 주어지는 게 아니라 많은 권한을 부여받아 일하도록 해야 한다.

찬양대 위원장 장로에게는 찬양대에 대한 모든 인사권까지 준다. 지휘자 반주자 오케스트라 채용도 위원장 책임하에 둔다. 신문에 낼 때 연락처도 위원장 장로로 되어 있다. 이력서가 들어오면 위원장이 검토하고 면접한 후 두세 명 정도로 압축해서 나에게 보고한다. 그러면 내가 두세 명 중 한 사람을 선택한다.

교육위원장 장로는 교육부서 교역자를 채용하는 일에 인사권을 준다. 신문에 광고를 내면 먼저 교육위원장 연락처로 연락하게 한다. 이력서가 들어오면 이력서를 검토하고 면접할 때 교육 전임 부목사와 함께한다. 두세 명으로 압축하고 마지막 결정을 나에게 맡긴다.

전에는 내가 이력서를 정리하고 면접하는 일을 혼자 다 하다 보니까 많은 시간이 낭비되었다. 또한 내가 선택했을 경우 채용된 분이 잘못했을 때 모든 책임이 나에게 온다. 그러나 위원장 장로가 선발하기 때문에 그 책임이 장로에게도 있다. 전에는 채용된 분들이 잘못했을 경우 내가 당회에서 장로님들에게 죄인이 된 것 같았지만 이제는 위원장 장로가 나를 향해 죄인 된 마음을 갖게 된다.

02

부교역자에게

나는 부목사에게도 목회의 많은 부분을 과감하게 위임한다. 위임하지 않고 내가 다 하려면 힘든 목회를 하지만 믿고 위임하면 쉬운 목회를 할 수 있다. 나 아니면 안 된다는 마음을 버리고 부교역자들에게 많은 부분 위임한 것은 교회 개척 후 15년쯤 되었을 때다. 대개의 교회는 아기 돌, 백일, 추도 예배, 개업 예배, 이런 예배는 담임 목사가 직접 가는 경우가 많다. 그러나 나는 과감하게 부목사들에게 맡겼다. 특히 장례 예배는 목회 25년 차까지는 하관 예배만 부목사들에게 위임했다. 그러나 교회 규모가 더 커진 후에는 입관 예배 발인 예배 하관 예배 중 하나만 내가 인도하고 나머지는 부목사에게 맡겼다.

교인들은 당연히 담임 목사 오기를 원한다. 특별히 부탁하는 분도 있다. 그러나 정한 규정을 지키려고 최선을 다한다. 심지어 장로님 모친이 소천하셨을 때도 하관 예배는 부목사에게 맡겼다. 교회에서 정한 규칙인데 장로님 가정이라고 예외일 수는 없다. 만약 담임 목사가 정해놓고도 지키지 않으면 질서가 깨져 시험 드는 성도가 생길 수 있다. 누구는 담임 목사님이 해주고 나는 왜 해주지 않나? 교회 규모가 커지면서 얼마나 행사가 많은지 모른다. 담임 목사가 다 쫓아다니려면 목회에 지장이 많다. 그러나 위임하니까 많은 시간을 낼 수 있고 쉬운 목회를 할 수 있다.

대개 개척한 교회 목사는 위임하기가 더 힘든데 두 가지 이유가 있다. 첫째는 나 때문이다. 처음부터 모든 일을 다 해 왔기 때문에 나 아니면 안 된다는 마음이 강해서 내려놓기가 쉽지 않다. 둘째는 성도들 때문이다. 개척할 때 그렇게 열심히 심방 오고 같이 라면도 끓여 먹었는데 이제는 만나기도 힘들고 심방도 못 받는다. 성도들 생각에 우리 목사님 변질되셨다. 교회가 부흥되니까 교만해지셨다. 개구리가 올챙이 적 생각 못 한다. 이런 인식을 가질 수 있다.

위임을 위해서는 사전 작업이 필요하다. 나는 목회를 부목사들에게 위임하기 5년 전부터 설교 때 계속 강조한 것이 있다. 첫째는 목사는 담임이나 부목사나 똑같은 권위를 가진다는 것을 강조했다. 둘째는 교회가 커지면 담임 목사인 나를 자유롭게 해야 한다는 것을 강조했다. 앞으로 교회가 크려면 많은 부분을 위임해야 하는데 성도들이 이해를 해줘야 한다는 것을 계속 강조했다. "성도 여러분 앞으로 내가 심방을 못 가도 서운하게 생각하면 안 됩니다. 위임하지 못하고 담임 목사가 다 하려고 하는 교회는 어느 정도 성장한 다음 성장을 멈추게 되어 있습니다."

03

설교를 시키는 이유

사역뿐만 아니라 설교까지도 부교역자들에게 많은 부분을 위임했다. 나는 주일 낮에 한 번만 설교하고 다른 모든 설교를 부목사에게 위임했다. 설교 위임은 개척하고 15년 되었을 때부터 시작했다. 부목사들에게 설교를 많이 시키는 것은 세 가지 이유가 있다.

첫째, 부교역자들을 잘 키워주기 위해서다. 부목사 때 설교를 많이 해야 담임 목사로 사역할 때 당황하지 않고 설교를 잘 감당할 수 있다. 많은 교회가 부교역자들에게 설교할 기회를 주지 않는다. 그래서 막상 담임 목회를 하게 될 때 설교 준비하는 것을 부담스러워한다. 우리 교회 부교역자들은 설교할 기회를 많이 얻기 때문에, 개척을 나가도 당황하지 않고 잘 감당한다.

둘째, 내 설교는 성도들이 너무 많이 들었기 때문이다. 자그마치 20년 30년 동안 계속 들었으니 얼마나 많은 설교를 들었겠는가? 담임 목사 얼굴 보기가 지루하게 생각될 수도 있다. 성도들이 내 설교보다 새로운 설교를 듣도록 배려한다.

셋째, 부목사님들 실력이 나보다 낫기 때문이다. 나는 배운 지가 오래되어 배운 학문을 다 잊어버렸다. 그러나 젊은 부교역자들은 신학대학원에서 막 배워서 나온 따끈따끈한 사람들이다. 신학대학원에서 공부를 많이 시키기 때문에 나보다 더 설교를 잘한다. 나는 늘 교인들에게 나보다 부목사들이 설교를 더 잘한다고 자랑하고 칭찬한다.

어떤 목사는 부교역자들이 못 미더워서 강단을 내놓지 못하는 분들이 많다. 그런 분들은 목회하면서 어느 한계를 벗어나지 못한다. 설교의 많은 부분을 과감하게 맡길 때 시간적 여유를 가지고 더 연구해서 좋은 설교를 준비할 수 있다. 목회하면서 깨달은 것은 목회는 하나님께서 하신다는 사실이다. 목회를 내가 한다고 생각하면 다른 사람에게 위임할 수 없고 내가 다 해야 한다. 그러나 목회는 내가 하는 것이 아니라 하나님께서 하신다는 사실을 깨달으면 내가 하던 일들을 과감하게 위임할 수 있다. 나는 후배 목사들에게 이런 말을 많이 한다. "내가 아니면 안 되는 일은 하나도 없습니다. 나 없어서 못 하는 일도 하나도 없습니다. 내가 아무리 잘하고 있어도 그것은 내가 잘하는 것이 아니라 하나님의 은혜로 잘하는 것입니다."

04

청년 담당 목사에게

2003년도 교회를 갱신하면서 어떻게 하면 청년부를 부흥시킬까? 기도하면서 많은 생각을 했다. 청년회만 부흥될 수 있다면 어떤 일이든 하겠다고 다짐했다. 그런데 하나님이 내 속에 한 마음을 주셨다. 내 설교를 내려놓으라는 것이었다. 당시는 청년들이 장년부 예배를 같이 드리면서 봉사했고 청년들끼리의 모임은 토요일에 가졌다. 그러다 보니 청년부 활동에 한계가 있었고 부흥에 지장이 많았다. 토요일 참석 못 하는 청년들이 많았기 때문이다. 청년부가 부흥하려면 청년들이 마음껏 활동할 수 있도록 배려해주어야 한다. 설교도 젊은 목사가 청년 수준에 맞는 설교를 해야 한다.

그래서 과감하게 갱신하고 위임하기로 했다. 청년부 토요 모임을 없애고 주일날 청년 예배를 시작했다. 청년들을 주일 장년 예배에 참석 안 시키고 청년 예배에 참석하도록 한 것이다. "앞으로 청년들은 장년 예배 참석하지 말고 주일 청년 예배에 참석하고, 주일날 봉사하던 찬양대 주일 학교 교사를 안 해도 된다." 그리고 청년회 자체적으로 찬양대를 조직하고 찬양단을 조직하여 예배드리고, 주일 학교 봉사를 중단하고 청년 리더로 봉사하라고 말했다. 청년부만 부흥할 수 있다면 무엇이든지 바꾸고 무엇이든지 해주겠다고 약속했다. 그러자 장년부 찬양대에서 항의가 있었고 주일 학교에서도 항의가 있었지만 그대로 밀고 나갔다. 청년부가 부흥하지 않고는 교회의 미래가 없기 때문이다.

문제는 청년들이 담임 목사 설교를 한 번도 못 듣는다는 것이다. 1부 2부 3부 예배 때 청년들이 참석 안 하므로 내 설교를 듣지 못하는 것이다. 많은 분이 우려했다. 그래도 담임 목사 설교를 들어야지 청년 담당 목사님 설교만 들어서 되겠느냐? 담임 목사님 설교를 듣지 않으면 담임 목사 양이 아니라 청년 목사님 양이 된다. 나중에 청년 담당 부목사가 교회를 설립할 때 청년들이 따라가면 어떻게 하느냐?

그럼에도 나는 조금도 우려하지 않았다. 청년들은 담임 목사님 양도 아니고, 청년 담당 목사님 양도 아니다. 청년들 모두는 주님의 양인 것이다. 청년 담당 부목사님은 나와 똑같이 신학대학원을 나왔고 똑같이 신학을 했다. 설교는 내 말을 전하는 게 아니라 하나님 말씀을 증거하는 것이다. 나도 하나님 말씀을 증거하고 부목사님도 하나님 말씀을 증거하는 데 문제 될 게 없다. 특히 청년들은 젊어서 젊은 목사님의 설교가 필요하다. 나는 나이가 많아 젊은 청년들의 마음을 이해하지 못하는 것이 많다. 그러나 젊은 목사는 청년들의 마음 청년들의 언어 청년들의 문화를 잘 이해한다. 그래서 청년들 수준에 맞고 청년들에게 꼭 필요한 메시지를 전할 수 있는 것이다.

다른 목사님들이 우려하는 것처럼 청년 목사님이 청년들을 데리고 나가서 교회를 설립한다면 나는 기쁨으로 교회를 하나 설립해 드릴 것이다. 지교회를 계속 세워나가는데 하나 더 생기면 얼마나 좋은 일인가? 그러나 그 부목사는 목회 윤리상 하나님의 판단을 받게 될 것이다. 나는 부교역자들을 전적으로 신뢰한다. 혹 신뢰하던 부교역자들이 나를 배반하고 자기 이익을 추구한다 해도 나는 그 부교역자를 미워하지 않을 것이다. 예수님도 가룟 유다 같은 제자가 있었지만 끝까지 사랑하셨다. 위임하는 목회는 세상 말로 마음을 비우는 목회다. 우리 교회 부교역자들 정말 열심히 한다. 그리고 나를 진정 사랑하고 존경한다. 내가 신뢰하기 때문에 그 신뢰를 저버리지 않기 위해 최선을 다하는 것이다.

12장

섬김의 목회

지금까지 나의 목회 초점은 섬김에 있었다. "어떻게 하면 많이 섬길까? 어떻게 하면 많이 나눌까?" 사실 목회자는 주는 것보다 받는 것이 많다. 나는 목사로서 마지막 주님 앞에 설 때 상급이 제일 적을 것 같아 염려했다. 받기만 많이 하고 주기는 적게 하기 때문이다. 목회를 시작할 때 이런 기도를 했다. "하나님, 목회하면서 받는 것이 체질화 되지 않게 하옵소서." 많은 목사들이 받으면서도 감사하기는커녕 당연하다고 생각한다. 그리고 남에게 베푸는 것에 약하다. 교회를 개척하기 전 그런 목회자들을 많이 봤기 때문에 목회하면서 가능하면 많이 섬기고 베풀려고 힘썼다. 성도와 같이 식당에 가도 내가 먼저 내려고 했고 택시를 타도 내가 먼저 내려고 했다.

아내가 걱정할 때가 많았다. "목사님! 목사님이 섬기는 것은 좋지만 교인들 습관이 잘못되면 어떻게 하지요? 앞으로도 계속 섬기지 않고 섬김받으려고만 하면 어떻게 하지요? 목사님이 섬기고 싶어도 교육적인 의미에서 참아야 하지 않을까요?" 그러나 나는 그렇게 생각하지 않는다. 성도들이 모르는 것 같아도 너무 잘 안다. 목회자가 섬기려고 할 때 목회자를 더 잘 섬기려고 하는 것이 성도들이다. 지금으로부터 사십 년 오십 년 전만 해도 목사는 목사 자체가 권위였다. 그러나 오늘날 목회자의 권위는 섬김에 있다.

교인들과 불고기 집에 가서 고기를 구워 먹을 때가 있다. 숯불 위에 고기를 올려놓고 어느 정도 구워지면 고기를 자르고 자주 뒤집어서 타지 않게 적당하게 구워야 맛이 있다. 나는 고기 자르는 일과 뒤집어서 적당하게 굽는 일을 도맡아 했다. 집에 손님이 오실 경우 과일을 깎아 대접할 때도 내가 직접 과일을 깎아서 대접한다. 목양 실에서 손님을 접대할 때도 내가 직접 커피를 타서 대접한다. 섬기는 것이 체질화 되니까 섬길 때 너무 편하다. 그러나 다른 사람한테 섬김을 받으면 마음이 불편하다.

01

과일 깎기 시합

내가 과일을 많이 깎다 보니 얼마나 잘 깎는지 모른다. 선수 수준에 도달해 있다고 해도 과언이 아니다. 중국에 신학교를 운영하면서 강의가 끝난 후 학생들이 섬기고 있는 지방 교회를 자주 방문한다. 그러면 교수님 오셨다고 얼마나 대접을 잘하려고 하는지 모른다. 한 번은 중국의 강서성 지역에 내려가서 교회를 방문했다. 예배 후 교인들이 나를 대접하려고 사과를 내왔다. 그래서 내가 직접 사과를 깎아서 교인들을 대접했다. 교수 목사가 사과 깎는 것을 보고 교인들이 너무 좋아했고 놀라워했다. 교인 중 한 분이 제의를 해왔다. "목사님! 과일 깎기 시합을 해보는 게 어떻겠습니까? 누가 빨리 얇게 깎고 끊어지지 않게 깎는지 시합을 해보지요." 성도 몇 분과 둘러앉아 사과 깎기 시합을 했다. 중국 사람들은 부엌에서 쓰는 큰 칼로 우리와 반대로 왼쪽에서 오른쪽으로 밀어서 깎는 게 특징이다. 성도들은 어떻게 해서라도 이겨보려고 했지만 빠르기 면에서 저를 따라오지 못했다. 그래서 내가 과일 깎기는 선수급이라고 자신 있게 말할 수 있다.

그런데 요즘은 섬기는 것을 잘 못 한다. 나이를 먹다 보니 섬기는 나는 너무 좋지만 섬김받는 분들이 황송해서 어쩔 줄을 몰라 한다. 교인들과 음식점에 갔을 때 내가 고기를 썰고 뒤집으면 부목사님들이 미안해서 어쩔 줄을 몰라 한다. 나 혼자만 좋다고 다른 사람을 배려하지 않는 것 같아 요즘은 젊은 목사들에게 맡긴다.

02

담임 목사님이 식사 준비를

남현교회는 일 년에 두 번 정도 교역자들이 1박 2일 수련회를 간다. 수련회 기간 동안 쉬면서 친목을 다지는 것이다. 이십 년은 지난 일이다. 안면도로 교역자 수련회를 갔는데 저녁에 회를 먹고 아침에 끓여 먹을 찌게 거리를 사가지고 왔다. 콘도에서 하루 저녁 지내게 되었는데 말씀의 교제를 나눈 후 윷놀이를 하면서 즐거운 시간을 가진 후 잠자리에 들었다. 부교역자들은 젊은 분들이니까 늦게까지 이야기꽃을 피우다가 늦게 잠자리에 들었다. 그 이튿날 새벽 내가 제일 먼저 살짝 일어났다.

그리고 부교역자들이 잠들어 있을 때 소리 나지 않게 밥을 하고 찌게를 끓여놓았다. 부교역자들은 아침 식사 준비가 다 되었을 때 일어났다. 그리고 내가 아침 식사 준비를 다해 놓은 것을 보고 너무 감격해했다. 담임 목사가 이렇게까지 부교역자를 섬기는 일은 한국 교회에서 거의 없는 일이라는 것이다. 그러나 나는 그런 섬김을 칭찬받기 위해서 한 것이 아니다. 단지 내가 섬기는 것이 좋아서 한 일이다. 내가 손수 차린 아침 식사가 부교역자들에게는 감격스러운 일인지도 몰라도 내 자신은 평범한 일을 한 것이다.

나는 집에서도 섬기려고 노력한다. "어떻게 하면 아내를 편하게 해줄 수 있을까?" 늘 생각하며 행동한다. 식사할 때 물이 먹고 싶다든지 숟가락이 없다든지 하면 아내에게 가져다 달라고 하지 않고 직접 떠다 먹는다. 내가 할 수 있는 일을 왜 아내에게 시키야 하는가 이것은 잘못된 생각이다. 아내를 사랑하고 아내를 섬기는 마음이 있으면, 힘든 일이 아니다. 내가 성가신 일은 아내도 성가신 것이다. 과일을 깎는 일도 내가 해도 되는 일인데 아내에게 시키는 것이 미안하다. 그래서 직접 과일을 많이 깎다 보니 선수가 된 것이다. 사랑은 배려하는 것 그리고 섬기는 것이다.

03

섬김도 조심해서

그런데 섬김도 조심해야 할 때가 있다. 섬기지 못하는 분들을 배려해야 한다는 것이다. 내가 섬기는 것은 좋은데 섬기지 못하는 분들이 상처받을 수 있다. 혹 내가 섬기는 것 때문에 상대방이 상처받지나 않을까 생각하며 섬겨야 한다. 몇 년 전 대학원 동창 목사님들 몇 분과 수련회를 갔다. 부부가 같이 갔는데 즐겁고 재미있는 시간들을 보냈다. 그런데 내가 실수하는 바람에 목사님 중 한 분이 마음이 상하셨다. 그때 얼마나 미안하게 생각했는지 모른다. 그리고 그 다음부터는 섬길 때 조심을 한다.

저녁에 다 같이 윷놀이를 했는데 그냥하면 재미가 없다. 돈을 놓고 따먹기를 해야 다들 정신 바짝 차리고 열심히 해서 재미가 있다. 그래서 내가 제안을 했다. "내가 한 사람당 만 원씩을 드리겠습니다. 윷놀이를 해서 지는 분들은 제가 드린 만원 중에서 천 원씩 내놓기로 합시다. 그리고 질 때마다 내놓는 돈을 가지고 선물을 사서 나누어 가집시다." 그렇게 하면 열 판을 져서 만 원을 다 내놓는다 해도 내가 만 원을 줬기 때문에 실제는 손해 보지 않는다. 그리고 계속 이기면 만 원을 그냥 가질 수 있고 다섯 판만 지면 5천 원이 남는다. 그래서 부담 없이 윷놀이를 재미있게 할 수 있다. 이 방법은 우리 교회에서 부교역자들과 수련회를 가면 늘 그렇게 해 왔기 때문에 아무 생각 없이 제안을 한 것이다. 특히 그때 제가 회장을 하고 있었기 때문에 그런 제안을 했고 그래도 제가 형편이 좋은 편이니까 섬기는 마음으로 제안을 했다.

그런데 목사님 중 한 분이 그 자리에서 화를 내셨다. "이 목사! 우리가 무슨 거지인 줄 알아요? 교회가 크고 돈이 있다고 힘자랑하시는 거예요? 윷놀이를 해도 꼭 그렇게 해야 합니까? 나는 그렇게는 안 합니다." 나는 너무 당황했다. 동창들이고 해서 스스럼없이 순수한 마음으로 섬기려 했는데 그것 때문에 상처를 입은 것이다. 나는 극구 사과를 드렸고 나 스스로 많은 생각을 했다.

"섬김 자체는 좋지만 다른 사람의 입장을 전혀 생각하지 않고 섬기는 것은 상대방 자존심을 상하게 하고 상처를 줄 수 있구나." 그 일이 있은 후부터 너무 많이 섬기려고 하지 않는다. 다른 분들도 섬길 수 있는 기회를 드리기 위해서다. 마지막으로 섬길 분이 없을 때 섬기는 것이다. 아무리 좋은 일도 덕이 되지 않으면 안 하는 게 좋다. 그러나 지금도 음식점에 간다든지 돈을 쓸 때 가능한 내가 내려고 노력한다.

나는 늘 예수님을 생각한다. 예수님은 이 세상에 섬기러 오신 분이다.

하나님이신 예수님 그분이 가장 낮고 천한 제자들의 발을 씻기셨다. 그리고 자기 목숨을 버리시면서까지 섬기셨다. 우리가 아무리 교인들을 섬긴들 내 목숨까지 바쳐 섬길 수 있을까? 섬기는 목회자를 교인들이 무시할 것 같아도 그렇지 않다. 도리어 더 섬기려고 한다. 도리어 내가 섬기려고 하면 너무 미안해서 어쩔 줄을 몰라 한다. 기독교는 역설의 종교이다. "죽고자 하는 자는 산다. 주고자 하는 자는 받는다. 섬기려고 하는 사람은 섬김을 받는다."

04

저 최 상병입니다

한번은 교회 행정실 간사에게서 인터폰이 왔다. "목사님! 어떤 분이 목사님과 군대 생활을 같이 했다고 하면서 연락처를 알려 달라고 하는데 전화번호를 알려 주지 않고 그분 전화번호를 알아 놨습니다." 그러면서 최홍규라는 이름과 전화번호를 알려 줬다. '최홍규' 아무리 생각해도 생각이 나지 않는다. 군대 생활을 한 지 거의 50년이 지났기에 기억이 날 리 만무하다. 궁금해서 전화를 걸었고 이춘복 목사라고 말하자 반가운 목소리로 이야기를 했다. "이 병장님! 저 이 병장님 조수로 있던 최홍규 상병입니다. 제가 이 병장님 밑에서 군 생활하면서 이 병장님이 저를 너무 많이 도와 주셨습니다. 아무것도 모르는 저를 너무 잘 돌봐주셔서 무사히 군 생활을 마치고 믿음 생활 열심히 해서 지금은 장로가 되었습니다. 그리고 현재 전주에서 고등학교 교장으로 근무하고 있습니다. 제가 이 병장님을 얼마나 찾았는지 모릅니다. 제대 후 연락드리려고 해도 연락처를 몰라서 다방면으로 알아봤습니다. 그런데 아내가 이런 말을 했습니다. 여보! 그러지 말고 인터넷에서 이춘복이라는 이름을 쳐 보세요. 그러면 혹시 나올 수도 있지 않겠어요? 그래서 이춘복이라는 이름을 치고 들어가 봤습니다. 처음에 나오는 이름은 이춘복 참치였습니다. 이춘복 참치 본점 지점해서 계속 나오는데 내가 찾는 이춘복이 아니었습니다. 그리고 계속 검색하자 이춘복 목사가 나왔습니다. 자세히 보니 이 병장님이 맞았습니다. 너무너무 반가웠습니다. 과연 이 병장님은 목사님이 되실만한 분이셨습니다. 그래서 남현교회로 전화를 해서 확인했고 오늘 이렇게 전화 통화를 하게 되었습니다. 마치 이산가족 만나는 것처럼 너무 너무 기쁩니다."

최홍규 장로가 계속 이야기하는 동안 생각해보니 새까맣게 잊어버렸던 최상병에 대한 기억이 떠올랐다. 내가 일병 때 신병으로 우리 부대에 왔고 제 밑에 조수로 들어왔다. 그때 나는 포천에 있는 8사단으로 부관참모부 행정실에서 근무하고 있었다. 최 상병은 신병 시절 실수를 많이 했던 기억이 있고 그때마다 고참들에게 알려지지 않도록 신경을 많이 써준 기억이 있다. 당시만 해도 고참들이 빠따(매질, 구타)를 많이 칠 때라 조금만 잘못해도 줄 빠따를 맞았다. 내가 최 상병의 실수를 뒤집어쓰고 대신 빠따를 맞은 기억도 생각났다. 최 상병이 그것을 기억하고 나를 보고 싶어 했던 것 같다. 그는 대학 재학 중 군대에 들어왔고 사회에 있을 때 교회를 다녔다고 했다. 그래서 내가 교회 갈 때마다 같이 갔고 신우회 활동도 같이 했다.

05

졸병 주제에 교회를

나는 입대하기 전 믿음 생활을 제대로 못하고 있었다. 그러나 늘 믿음 생활 열심히 해야 한다는 마음을 가졌고 군 입대를 계기로 믿음 생활을 새롭게 하기로 결심했다. 입대 후 보충대 있을 때부터 주일을 철저하게 지켰고 어떤 어려움이 있어도 주일을 지키기 위해 최선을 다했다. 훈련을 마치고 포천에 있는 8사단 부관참모부로 배치되었다. 내무반에 들어서는 순간 분위기가 살벌함을 느꼈다. 군기가 얼마나 센지 졸병들은 숨소리조차 크게 쉬지 못할 정도였다. 처음으로 내무반에 들어선 나를 향해 질문을 던지기 시작했다. 그 중에서 "여동생 있느냐?"가 제일 먼저 던져진 질문이었다. 여러 가지 질문 후 "교회 다니느냐?"고 물었다. 다닌다고 하니까 여기서는 교회 다닌다는 소리 입 밖에도 내지 말라고 했다. 신학생도 있었고 장로님 아들도 있었고 성가대 지휘하던 사람도 있었는데 한 사람도 교회에 나가지 못했다는 것이다.

그러면서 술 먹을 기회가 있을 때 안 먹는다고 하면 입에다 그대로 부었다. 담배를 안 피운다고 하면 담배를 입에다 비벼 넣었다. 그러면서 고참들이 "나도 왕년에 교회 다녔다. 나도 장로 아들이다. 나는 성가대 지휘하다 왔다."

그러면서 술 담배 다 먹고 교회도 나가지 않았다. 그러나 나는 포기하지 않고 교회 나갈 기회를 찾아봤다. 자대 배치 된 지 몇 개월 후 주일날 내무반장에게 교회를 보내달라고 했다. 내무반장은 졸병이 군기가 빠져서 그렇다고 하면서 줄 빠따를 쳤다. 나 하나 때문에 내무반 전체가 빠따를 맞은 것이다. 나 하나만 고통당하면 참을 수 있는데 나 때문에 전체가 빠따 맞는 것이 안타까워 교회 가는 것을 포기했다.

그러나 중간 고참인 상병에게 부탁했다. "상병님이 병장이 되고 내무반장이 되시면 저를 꼭 교회에 보내주십시오." 그리고 상병 될 때까지는 교회를 포기했다. 그러나 술 담배만은 어떤 압력에도 굴하지 않고 먹지 않았다. 드디어 상병이 되었고 내가 부탁하던 병장이 내무반장이 되었다. 그래서 그때부터 교회를 나가기 시작했고 열심히 군 교회를 섬겼다. 특히 내가 내무반장이 된 후에는 중대장님에게 부탁하여 내무반 예배를 드렸다. 사단이 생긴 후 처음 있는 일이었다.

06

무식한 신우회장

제대 6개월을 남겨놓고 신우회 총회를 하는데 내가 사단 신우회장에 선출되었다. 신학생 출신도 있었고 장로님 아들도 있었고 청년회장 출신도 있었는데 아무 경험도 없는 내가 회장에 선출된 것이다. 나는 너무 당황했다. 사회 있을 때 대표 기도 한 번 안 해 봤고 회의 인도 한 번 안 해봤는데 어떻게 신우회장의 직분을 감당할 수 있겠는가? 하나님께 기도하지 않을 수 없었다. "하나님! 저는 아무것도 모릅니다. 도와주세요." 이 사람 저 사람에게 기도하는 법, 회의 인도하는 법을 배우면서 사단 신우회를 이끌어 나갔다.

그때 믿음이 제일 뜨거웠던 것 같다. 하나님께 기도하면서 어떻게 하면 교회에 한 명이라도 더 나오게 할까? 어떻게 하면 예하 부대 내무반 예배를 드리게 할까? 어떻게 하면 동네에 있는 교회와 연계해서 복음 사역을 할 수 있을까? 계속 힘썼고 성가대도 난생 처음 참여했다. 그때 나는 결심했다.

"믿음 생활은 봉사를 해야 뜨거워지는구나! 내가 사회에서 믿음 생활을 제대로 못한 것은 봉사하지 않고 주일만 나갔기 때문이구나! 내가 전역한 후 사회 나가면 제일 작은 교회를 찾아가서 봉사를 해야 하겠구나! 내가 경험이 없어 큰 교회는 교사와 성가대를 시켜주지 않을 거야! 작은 교회를 찾아가서 봉사해야지!"

한번은 사단 직속으로 있는 수색 부대에 내무반 예배를 드리기로 했다. 예배를 성사시키기 위해 얼마나 노력하고 힘썼는지 모른다. 수색 중대 예배는 부대가 생긴 이래 처음 있는 일이라서 결코 쉬운 일이 아니었다. 드디어 예배드리는 날이 돌아왔고 기쁜 마음으로 밤 여덟 시에 맞춰 신우회 임원들과 함께 부대에 갔다. 중대원 전체가 내무반에서 절도 있게 줄을 맞춰 기다리고 있다가 우리가 들어가니까 일제히 바라보는 데 감격스러우면서도 가슴이 떨려왔다.

예배를 드리려면 사회가 있고 설교자가 있어야 한다. 찬송은 몇 장을 불러야 하고 대표 기도는 누가 해야 하는지 정해져 있어야 한다. 그런데 아무것도 정하지 않고 수색 중대가 예배드린다는 설렘 때문에 온 것이다. 예배 시간이 돌아왔다. 그런데 사회 볼 사람도 설교할 사람도 대표 기도할 사람도 없었다. 근무 시간이 아니고 밤이기 때문에 군목이 따라온 것도 아니고 군종 사병이 따라온 것도 아니고 오직 임원들만 온 것이다. 그래서 보니까 회장인 내가 제일 선임이다. 설교를 하면 나밖에 할 사람이 없었다.

참고로 그때 군목은 이해가 가지 않는 분이셨다. 소령으로 근무하셨는데 신우회에서 일을 하려고 하면 늘 반대하셨다. "왜 괜히 일을 만드느냐? 그러다가 사고 나면 어떻게 하느냐?" 늘 이런 말을 했고 내무반 예배를 드려도 같이 와서 설교한 적이 없었다. 늘 군종 사병이 설교를 했는데 저녁 시간에 왔기 때문에 군종 사병에게 가자고 하기가 미안해서 임원들만 오게 된 것이다. 나는 당황했다. 그때까지 한 번도 설교를 안 해보았기 때문이다. 물론 사회도 내가 봐야 하고 찬송도 내가 먼저 해야 한다. 앞이 캄캄했지만 예배를 안 드리고 올 수는 없었다. 할 수 없이 사회를 보면서 쉬운 찬송가를 찾아 불렀다.

"죄짐 맡은 우리 구주" 다 부른 후 조수인 최 상병에게 대표 기도를 시켰다. 사회 있을 때 교회를 잘 다니다 왔다고 했기 때문에 시킨 것이다. 최 상병은 당황하면서 기도를 하는데 어설프게 대표 기도를 했다. 그리고 내가 설교할 차례인데 어떤 본문을 읽어야 하고 어떤 설교를 해야 하는지 전혀 생각이 나지 않았다. 순간 생각한 것이 복음서였다. 복음서는 쉽고 읽기만 해도 이해가 가기 때문에 복음서로 본문을 택하기로 하되 성경책을 무작위로 펴고 어디가 나오던 본문으로 택하기로 했다.

성경을 읽은 다음 설교에 들어갔다. 그때 나는 내 안에 있는지 밖에 있는지 몰랐다. 내 입에서 어떤 말이 나왔는지도 모른다. 굉장히 열변을 토했던 것만 생각난다. 그리고 설교를 끝내고 주기도문으로 예배를 마쳤다. 이마에 식은땀이 흘러내렸다. 그때 나는 하나님께서 함께하시면 안 되는 일도 없고 못 하는 일도 없다는 사실을 깨달았다.

07

이 병장님! 제 기도도 처음이었습니다

최 상병과 전화 통화를 한 후 한 번 만나보기로 약속했다. 최 상병은 그 동안 나를 무척이나 찾았고 잊어버린 형을 만나는 것처럼 좋아했다. 마침내 내가 전주에 내려갈 일이 있어 약속을 하고 식당에서 만남을 가졌다. 부부가 같이 만났는데 만나고 보니 오십 년이 지났지만 옛날 모습이 조금은 남아 있었다. 고등학교 교장으로 재직하면서 통합 측 교회 장로로 성실하게 섬기고 있었다. 그때 군대에 있을 때 이야기를 많이 했고 오래만에 만나 즐거운 시간을 가졌다.

이야기 중 수색 중대 예배 이야기가 나왔다. 그때 최 상병은 대표 기도를 시켰을 때 무척 당황했다고 했다. 사회 있을 때 믿음 생활을 제대로 안 했기 때문에 대표 기도는 한 번도 안 해봤는데 갑자기 대표 기도를 시킨 것이다. 고참이 시키는데 안 할 수도 없었다. 기도하면서 어떤 말이 입에서 나왔는지 모를 정도로 비몽사몽간에 기도했다고 했다. 그러면서 이 병장님은 그때 설교를 너무 잘했다고 말했다. 그래서 나도 그때 설교가 처음이었고 복음서를 펴서 나오는 곳을 본문으로 삼아 내가 내 안에 있는지 밖에 있는지 모를 정도로 당황한 가운데 설교를 했다고 말하면서 서로가 웃었다.

최 상병은 나 때문에 믿음이 회복되었고 계속 믿음 생활을 잘해서 장로까지 되었다고 은인이라고까지 말했다. 세상에 우연의 사건은 하나도 없다. 생각해보면 하나님께서 내가 군대 있을 때 신우회장 시키신 것은 그때부터 나를 목사 만드시려고 강훈련을 시키신 것이다. 장로님을 만난 후 일 년쯤 되었을 때 전북신학교 개강수련회를 2박 3일 동안 인도했다. 그때 최 장로님께 연락드렸고 제가 강의할 때 참석하시면서 교수들과 저에게 푸짐한 저녁 식사를 대접해 주셨다. 군대 있을 때 조그마한 섬김과 배려가 아름다운 열매로 돌아온 것이다. 주는 자가 복이 있음을 다시금 체험했다.

13장

문제 삼지 않는 목회

한번은 집사님 한 분이 불평하며 이런 말을 했다. "목사님! 교회는 하나님이 계신 곳이잖아요. 예수 믿는 사람들이 모인 곳이잖아요. 그러면 교회는 천국을 이루어야 하잖아요? 그런데 왜 그렇게 시험 든 사람도 많고 문제도 많아요?" 성도들 중 교회에 대해 잘못 알고 있는 분들이 있다. 세상에는 문제가 많지만 교회만은 문제가 없겠지! 세상에는 고통이 많지만 교회만은 평안하고 행복하겠지! 생각하는데 그런 초보적인 믿음은 넘어지기 쉽다. 기대한 것만큼 실망도 크기 때문이다. 교회는 교회이기 때문에 문제가 더 많다. 사탄의 시험이 가장 강하게 많이 역사하는 곳이기 때문이다. 세상에 있는 불신자들은 사탄의 시험 대상이 아니다. 시험 안 해도 이미 자기와 같이 멸망당할 자기 소유인데 시험할 이유가 없다. 그러나 교회는 하나님의 자녀들이 모이는 곳이다. 시험하고 미혹하여 자기 백성으로 만들어야 한다. 세상에 있는 유형 교회는 완전한 교회가 아니라 불완전한 교회로 완전한 나라인 하나님 나라에 갈 때까지 예배드리며 훈련받는 장소다. 그렇기 때문에 불완전한 유형 교회는 시험도 많고 문제도 많다.

사탄의 시험 방법은 문제를 만드는 것이다. 물질 문제 이성 문제 지위 문제 인간관계 문제 등 수없는 문제를 만들어 교회를 혼란하게 한다. 다툼을 만들고 분파를 만들어 교회를 분열시킨다. 그런 과정에서 성도들을 시험들게 만들어 낙심시키고 믿음 생활을 중단시킨다. 사탄이 만드는 문제는 사소한 것으로부터 시작한다. 이것은 마치 작은 불씨 하나가 점점 퍼져나가 대형 화재를 일으키는 것과 같은 원리다.

01

목사님 딸입니다

　오래전 어느 교회에서 있었던 일이다. 훌륭한 담임 목사님이 새로 부임해서 교회가 놀라운 부흥의 역사를 이루고 있었다. 말씀 좋고 인품 좋고 하니 온 성도들이 행복한 믿음 생활을 했다. 그런데 이상한 소문이 돌기 시작했다. "우리 담임 목사님이 백화점에서 젊은 여자와 팔짱을 끼고 다니는 것을 봤다." 소문은 걷잡을 수 없이 확대해서 퍼져나갔다. 나중에는 "목사님 어떤 여자와 호텔에 가는 것을 봤다." 이런 소문까지 번졌다. 당회가 열렸고 조사위원회를 구성해서 조사해 보기로 결정했다. 먼저 담임 목사님을 만나 사실을 확인했는데 절대 그런 일은 없다고 했다. 조사위원회에서 소문이 어디서 나왔는지 조사를 했는데 어떤 집사님으로부터 소문이 나간 것을 확인했다.

　당회에서 집사님을 불러 사실을 확인했는데 백화점에서 담임 목사님과 젊은 여자가 팔짱을 끼고 다니는 것을 분명히 봤다고 했다. 집사는 분명히 봤다고 하고 담임 목사님은 아니라고 하니까 목사님이 거짓말을 한다는 명

분으로 목사님을 사임시키기로 결정했다. 목사님은 순수하게 사임하겠다고 하면서 앞으로 딸 결혼 문제도 있고 해서 6개월만 시무하고 사임하겠다고 했다. 1개월 후 소문을 낸 집사가 예배를 드리다가 깜짝 놀랐다. 담임 목사님과 팔짱을 끼고 다니던 그 여자가 예배에 참석한 것이다. 예배 후 다른 사람들에게 "저 아가씨가 누구냐?" 물었다. "저 아가씨 담임 목사님 딸이에요. 미국에 있다가 결혼식 때문에 나왔어요." 집사는 자기가 큰 실수를 했다는 것을 알았다.

목사님과 팔짱을 낀 젊은 여자는 목사님 딸이었고 아빠와 함께 결혼 준비를 위해 물품들을 사려고 백화점에 가서 같이 다닌 것이었다. 집사는 바로 조사위원회 장로를 만났다. "장로님! 제가 크게 실수한 것 같아요." 그러면서 목사님 딸 이야기를 했다. 목사님 딸은 목사님이 교회 부임하기 전부터 미국에 있었기 때문에 교인들이 얼굴을 잘 모르고 있었던 것이다. 조사위원회에서 목사님을 불러 그동안 오해해서 죄송하다고 하면서 사임하지 마시고 계속 시무해 주실 것을 말씀드렸다. 그러나 목사님은 단호하게 사임하시겠다고 하였다. "장로님! 제가 담임 목사로서 성도들이 저를 신뢰하지 않고 의심하는 것은 이해하는데 장로님들이 저를 신뢰하지 못하고 사임까지 결정했습니다. 저를 신뢰하지 못하는 장로님들과는 함께 할 수 없습니다. 당회에서 강하게 권면했지만 목사님은 결국 사임하시고 전부터 목사님을 모시려고 공을 들였던 교회로 부임해 가셨고 그 교회를 큰 대형 교회로 부흥시켰다. 처음 소문이 있었을 때 성도들이 문제를 문제 삼지 않고 입을 다물고 있었다면 얼마나 좋았을까? 성도들은 그렇다 해도 당회에서 목사님을 신뢰하고 믿어줬으면 얼마나 좋았을까? 확실하게 알아보지도 않고 목사님 사임을 결정한 것이다.

사탄은 문제를 만들어내고 그 문제를 크게 확장하게 하여 교회 전체를 흔들어놓는다. 문제를 문제 삼고 싶어 하는 사람의 본성을 이용하는 것이다. 사탄의 전략에 넘어가지 않는 방법은 문제를 문제 삼지 않는 것이다. 목회하다 보면 문제가 꼬리를 물고 일어나지만 문제를 삼지 않으면 거의가 스스로 해결된다. 퍼센트로 보면 묵묵히 기도하며 기다리면 98%는 스스로 해결된다. 2% 정도만 교회가 해결하면 된다. 그러나 문제를 문제 삼고 해결하려고 하면 더 큰 문제로 번져나간다. 하나님께서 일하시도록 기도하며 기다리는 것이 너무 답답할 수 있다. 그러나 묵묵히 기도하면서 기다리면 거의 해결된다. 내가 쉬운 목회를 해온 것은 문제를 문제 삼지 않고 기다리는 목회를 했기 때문이다.

02

찾아가지 마세요

전에 제자 훈련을 하면서 성도들에게 질문을 했다. "A 집사가 B 집사에게 말을 전합니다." B 집사님! 제가 이상한 말을 들었습니다. C 집사가 집사님을 나쁜 사람이라고 소문내고 다닙니다. "B 집사 나쁜 사람이다. 거짓말도 잘하고 돈도 잘 떼먹는다. 내가 다른 사람이라면 모른 척 하겠는데 집사님이라서 알려드립니다. B 집사가 A 집사로부터 그런 소리를 들었을 때 B 집사는 어떻게 하는 게 좋을까요?" 한 사람씩 대답하게 만들었다. 대개의 성도들은 B 집사가 C 집사를 찾아가 오해를 풀어야 한다는 것이다. 그러나 그것은 잘못된 대처 방법이다. B 집사가 C 집사를 찾아가 묻는다. "집사님! 누가 그러는데 집사님이 나를 욕하고 다닌다면서요? 그러면 안 되지요? 나는 다른 사람에게 거짓말하거나 돈 떼먹은 일이 없는데 뭔가 오해를 하고 계시는 것 같아요. 다시는 다른 사람들에게 그런 말 하지 말았으면 좋겠어요."

그러면 C 집사가 무엇이라 대답할까? "집사님! 정말 죄송합니다. 제가 집사님에 대해 오해했는가 봅니다. 다시는 그런 말 하지 않겠습니다." 그러면 얼마나 좋을까? 그러나 이렇게 물을 것입니다. "집사님! 누가 그런 말을 해요?" 그러면 B 집사가 도리어 입장이 난처해진다. "누가 그런 말을 했는지는 말할 수 없지요!" 그러나 C 집사가 계속 물고 늘어진다. "누가 그랬는지 대세요. 근거도 없는 말을 가지고 나를 찾아와요?" 거기서부터 싸움이 시작된다.

결국 B 집사는 A 집사에게서 그런 말 들었다고 말할 수밖에 없다. C 집사는 바로 A 집사를 찾아가 따진다. "집사님 내가 언제 거짓말하고 남의 돈을 떼먹었습니까?" A 집사는 내가 언제 그러한 말을 했느냐고 잡아뗀다. "집사님! 나는 그런 말을 한 적 없는데요! 왜 생사람을 잡아요? 누구에게서 그런 말을 들었습니까?" "B 집사가 그러던데 왜 시치미를 떼세요!" A 집사는 B 집사를 믿고 그런 소리를 했는데 그 말을 C 집사에게 전한 B 집사가 괘씸하다. A 집사가 B 집사를 찾아간다. "집사님! 내가 집사님 믿고 그런 말을 했는데 C 집사에게 찾아가 말하면 어떻게 합니까?" 그렇게 해서 문제가 커지고 문제의 불똥이 계속 번져나가는 것이다.

나중에는 삼자대면 하자고 나오고 A 집사 편 B 집사 편 C 집사 편으로 갈라져 큰 싸움이 일어나고 시험에 드는 사람이 많아진다. 이것이 사탄의 전략이다. 문제가 있을 때 지혜로운 방법은 가만히 있는 것이다. 아무리 억울한 말을 들어도 문제를 문제 삼지 않고 가만히 있으면 된다. 내 억울함은 하나님께서 아신다. 결국 진실은 드러나게 된다.

예수님을 생각하면 모든 것을 참을 수 있다. 예수님은 십자가를 앞에 놓고 변명 한마디면 풀려날 수 있다. 고통의 십자가를 지고 죽지 않아도 된다. 그러나 털 깎는 양같이 잠잠하셨고 묵묵히 우리를 위해 십자가를 지셨다. 나를 구원하기 위해 문제를 문제 삼지 않으셨는데 내가 조금 억울한 소리를 들었다고 문제를 문제 삼아서야 되겠는가? 십자가를 지는 마음으로 감당하면서 가만히 있으면 문제는 확산되지 않고 마무리가 되는 것이다.

다른 사람이 나를 오해하고 있어도 찾아가지 말아야 한다. 나를 욕해도 찾아가지 말아야 하고 확인도 말아야 한다. 그대로 당하고 있으면 문제는 하나님께서 해결하신다. 사탄은 계속 속삭인다. "왜 너 혼자 억울한 누명을 써야 하냐? 왜 너 혼자 당하고만 있냐? 찾아가서 따져라. 삼자대면해라." 그러나 성령께서는 이렇게 말씀하신다. "네 억울함을 하나님이 다 아신다. 인내하면서 기도하면 하나님께서 해결해 주신다. 문제를 문제 삼지 말고 기다려라. 찾아가면 문제가 커지고 교회가 어려워진다." 교회를 위해 문제를 문제 삼지 않고 조용히 기도하면 하나님께서 보상해 주신다는 사실을 명심해야 한다.

03

문제를 문제 삼지 마세요

나는 성도들에게 늘 이렇게 가르친다. 특히 중직자나 목자들에게는 더 강조해서 가르친다. "문제를 문제 삼지 마라. 문제를 문제 삼지 않으면 문제가 되지 않는다. 문제가 문제가 아니라 문제를 문제 삼는 것이 문제다." 이것을 계속 반복해서 강조하고 따라서 하게 만든다. 성도들이 다 암송하고 있을 정도다. 교회가 어떻게 사십 년 동안 한 번의 분쟁이나 다툼 없이 은혜로웠을까? 많은 요인이 있지만 문제를 문제 삼지 말라고 가르치고 강조했기 때문이다.

성도들은 문제가 있을 때마다 나를 찾아와 묻는다. "목사님! 이렇게 심각한 문제도 문제 삼지 말아야 하나요? 당연하지요. 문제 삼지 않고 기도하면 하나님께서 해결해 주십니다." 문제가 있을 때 성도들 간에도 서로 권면한다. "목사님께서 문제를 문제 삼지 말라고 하셨습니다." 문제 삼지 말고 조용히 기도하면 하나님께서 해결해주십니다. 남현교회도 문제가 많았지만 문제가 있을 때마다 찾아가지 않고 묵묵히 기도했기 때문에 쉬운 목회 행복한 목회를 할 수 있었다.

14장

예방 목회

목회하시는 목사님들을 보면 두 가지로 나눌 수 있다. 첫째는 예방 목회이고 둘째는 치료 목회이다. 예방 목회는 교회에서 일어날 수 있는 문제를 미리 예측하여 예방하는 목회이고, 치료 목회는 문제가 있을 때마다 찾아다니면서 문제를 해결하는 목회를 말한다. 이것은 마치 건강을 지키는 것과 같다. 건강을 지키기 위해 건강 진단을 받고 건강식품을 먹고 예방 주사를 맞아 미리 병을 예방한다. 그러나 예방하지 않고 있다가 병이 생긴 후에 치료하면 치료하기 힘들 뿐 아니라 비용도 많이 들고 몸에 무리가 오게 된다. 병을 예방한다고 다 예방이 되는 것은 아니다. 그러나 예방할 수 있는 범위 안에서 최선을 다해 예방을 해야 건강을 지킬 수 있다.

목회도 마찬가지이다. 예방 목회는 쉬운 목회를 할 수 있지만 문제만 쫓아다니는 치료 목회는 피곤하고 힘이 든다. 나는 예방 목회를 하기 위해 힘써왔다. "앞으로 우리 교회는 이런 일이 일어날 수 있다." 생각되는 문제들을 미리 가르쳤다. 문제가 생긴 후에 가르치면 문제가 더 커질 수 있기 때문이다. 몸에 상처가 나면 건드리기만 해도 아프다. 그러나 상처가 없을 때는 강하게 때려도 아프지 않다.

교회에 문제가 생겼을 때 그 문제에 대해 설교하면 문제가 해결되기는커녕 더 큰 오해를 가져올 수 있다. "목사님이 설교를 통해 나를 공격한다." 이렇게 생각하고 앙심을 품을 수 있다. 성도들 간 서로 갈등하며 미워할 때는 사랑에 대해 용서에 대해 설교하면 안 된다. 성도들 중 직분 감당하다가 시험에 들어 중단했을 때는 직분을 감당하다가 중단하는 것은 하나님 뜻이 아니라고 설교해서는 안 된다. 성도들 중 돈거래 때문에 시험에 들어 있을 때는 돈거래에 대해 설교해서는 안 된다. 그러면 언제 설교하고 교육해야 할까? 나는 교회에 문제가 있을 때 그 문제가 다 해결된 다음 최소 6개월은 기다렸다가 교육을 시작했다. 상처가 다 치료된 다음 그것도 안정을 되찾은 다음 설교하고 교육하는 것이다. 다툼과 미움, 직분 감당, 성도 간 돈거래에 대해 미리 가르쳐야 한다는 것이다. 문제가 없을 때 가르치면 아무리 강하게 강조해도 성도들에게 상처가 되지 않는다. 그러나 미리 가르친다고 해서 문제가 일어나지 않는 것은 아니다. 일어나긴 일어나되 덜 일어나는 것이 다를 뿐이다. 그러나 일단 문제가 일어나면 문제가 해결될 때까지 묵묵히 기도만 해야 한다. 그리고 다 해결된 다음 적어도 6개월은 기다렸다가 다시 강한 교육을 시켜야 한다.

헌금 설교 해야 할까?

나는 목회 초기에는 헌금에 대해 설교하는 것을 부끄럽게 여겼다. 성도들이 은혜를 받으면 헌금하는 것은 당연하고 헌금이 나오는 만큼만 사용하면 된다고 생각했다. 실제 교회 개척 후 재정 문제 때문에 어려움을 당한 적이 없었다. 예산을 세울 때 과한 예산을 세우지 않았고 재정 형편을 봐가면서 사용했기 때문이다. 그럼에도 헌금 설교에 대해 늘 갈등이 있었다. 물질이 있는 곳에 마음이 있는데 성도들의 헌금 생활이 약하면 믿음 성장이 어려운 것이다. 그런데 헌금에 대해 설교하지 않으면 안 될 형편이 찾아왔다. 새 성전을 건축하고 입당했을 때 과도한 대출로 이자 부담이 너무 컸다. 성도들이 헌금에 적극 참여하지 않고는 교회가 경매에 넘어갈 형편이었다. 할 수 없이 그때부터 헌금 설교를 하기 시작했다. 새 성전 입당 후 성도들에게 헌금을 작정시킨 것만 해도 일천번제 헌금을 삼 년마다 한 번씩 세 번 작정하게 했고 헌당 헌금을 매년 작정하게 했고 선교 헌금을 매년 작정하도록 했다. 작정할 때 부흥 강사를 시키던지 특별 강사를 부르지 않고 내가 직접 작정을 하도록 설교했다. 처음에는 헌금에 대해 설교하는 것이 너무 힘들고 고통스러웠다. 그러나 계속하면서 잘 적응이 되었고 성도들이 묵묵히 순종해 주셔서 과도한 재정 부담을 잘 감당할 수 있었다.

헌금 작정 설교 외에도 절기 때마다 절기 헌금에 대해 설교를 했다. 절기 헌금 설교는 절기 전 주일에 했는데 추수 감사 주일을 지킬 때 감사 주일 당일이 아니라 전주에 추수 감사 헌금에 대해 언급한 것이다. 당일에 하면 성도들이 이미 헌금하고 난 후이기 때문에 감동이 되어도 추가로 할 수 없기 때문이다. 절기 헌금에 대해 설교한 후부터 성도들이 절기 헌금에 더 적극적으로 참여하는 것을 알았다. 나는 목회하면서 "헌금을 하느냐? 하지 않느냐? 많이 하느냐? 적게 하느냐?" 하는 것은 성도들이 정하지만 성도들은 헌금에 대해 바르게 알고 있어야 한다는 것을 깨달았다. 그리고 성도들은 헌금을 많이 하면 할수록 믿음이 성숙해지고 교회를 더 사랑하게 된다는 사실을 알았다. 그래서 정기적으로 헌금 설교를 하기로 결심하고 당회에서 장로님들에게 말씀드렸다. 그리고 매년 십이월 둘째 주에 헌금 설교를 했다. 새로운 한 해를 시작하기 전에 설교해서 성도들로 하여금 다음 해에 바른 헌금 생활을 하도록 교육하는 것이다. 매년 십이월 둘째 주에 헌금 설교 주일로 정한 것은 성도들 중 상처받는 분이 없도록 하기 위해서였다.

헌금 설교를 정해 놓은 주일에 하지 않고 무작위적으로 하면 상처받는 성도가 생길 수 있다. 헌금 생활 잘하는 성도는 아무리 헌금을 강조해도 상처받지 않는다. 그러나 헌금 생활 잘하지 않는 성도는 헌금에 대해 예민한 반응을 보인다. 십일조를 못하고 있는 성도는 십일조 헌금에 대해 예민한 반응을 보인다. 상처를 받을 수 있다. 선교 헌금 못하는 성도는 선교 헌금 설교에 민감하고 헌당 헌금 못하는 성도는 헌당 헌금 설교에 예민한 반응을 보인다. "목사님이 나 들으라고 저 설교하시는구나!" 생각한다.

개척 초기에 있었던 일이다. 당시 나는 헌금 설교를 전혀 하지 않았다. 그런데 안타까운 일이 있어서 설교 시간에 헌금에 대해 언급을 했다. "여러분! 헌금의 분량은 형편에 따라 하면 됩니다. 그러나 헌금할 때 준비가 필요합니다. 주일 헌금만 해도 집에서부터 준비해서 드려야 하는데 준비 없이 드리시는 분들이 있습니다(당시는 헌금 주머니를 돌리면서 헌금을 했다.). 재정부 보고에 의하면 주일 헌금 주머니에서 버스 토큰이 나오고 머리핀도 나오고 십 원짜리 동전도 나온다고 들었습니다. 준비하지 않고 예배에 참석했는데 갑자기 헌금 주머니가 내 앞으로 왔고 헌금 안 하고 가만히 있으면 미안하게 느껴져 주머니에 손을 넣고 잡히는 대로 헌금 주머니에 넣는 것입니다. 십 원짜리 밖에 없어서 십 원을 헌금하는 것은 괜찮습니다. 그러나 준비하지 않고 있다가 십 원짜리(요즘으로 백 원)를 헌금하는 것은 부끄러운 일입니다. 앞으로 주일 헌금도 기도하는 마음으로 준비해서 성경책 속에 끼어넣고 와서 드렸으면 좋겠습니다." 이 설교는 헌금 많이 하라는 설교도 아니고 정성껏 하라는 설교다. 그런데 그날 이 설교를 듣고 시험에

든 사람이 있었다. 남현교회는 은혜스럽고 헌금을 강조하지 않고 해서 선보러 왔는데 목사님이 헌금 설교를 했다는 것이다. 그 집사는 결국 등록하지 않았고 다른 교회로 갔다. 전에 있던 교회에서 헌금에 대해 상처를 많이 받고 남현교회에 왔는데 그 설교를 듣고 또 상처를 받은 것이다. 이와 같이 상처가 있는 사람은 조금만 건드려도 상처를 받게 된다.

그렇기 때문에 일 년 중 한 번 헌금 설교 주일을 정하고 설교하면 상처를 받아도 덜 받는다. "목사님이 나에게 하는 설교가 아니라 정기적으로 하는 설교다." 이렇게 생각하는 것이다. 나는 1년에 한 번 헌금 설교 주일에 "왜 헌금을 해야 하는지! 어떻게 헌금을 해야 하는지! 헌금에는 어떤 종류가 있는지!" 설교한다. 주일 헌금 감사 헌금 절기 헌금 특별 헌금 그리고 십일조에 대해 성경 말씀에 기초한 교육을 철저히 시킨다. 감사한 것은 성도들로부터 "우리 목사님 너무 헌금을 강조한다." 이런 말을 들어본 기억이 없다는 것이다. 목사의 사적인 욕망을 채우기 위해 하지 않고 교회를 위해 성도들을 위해 사랑하는 마음으로 설교하기 때문이다. 헌금 설교를 하면서 얻은 결론은 성도들 상처받을 것을 염려해서 헌금 설교 안 하는 것보다 정기적으로 정해 놓고 설교하는 것이 좋다는 것을 알았다. 하나님께서도 성도들이 헌금에 대해 바로 알고 바르게 헌금하는 것을 기뻐하신다.

예방 목회는 교육 목회이다. "교회는 이런 일이 일어날 수 있다." 이렇게 생각되는 문제들이 있으면 최소 오 년 전부터는 가르치고 강조해야 한다. 그렇다고 문제가 없는 것은 아니지만 문제가 덜 발생되고 문제가 발생해도 해결하기가 쉬워진다. 그리고 예방하고 또 예방했는데도 문제가 일어날 경우 문제를 문제 삼지 않고 나는 기도하며 기다렸다. 내가 쉬운 목회 행복한 목회를 할 수 있었던 것은 예방 목회를 했기 때문이다.

14장

쇠, 스폰지, 물 목회

쇠 목회

나는 기다리는 목회를 통해 쉬운 목회를 했는데 세 가지로 비유할 수 있다. 첫째가 쇠 목회이다. 쇠는 강한 쇠가 있고 약한 쇠가 있다. 강한 쇠는 휘어지지 않지만 부러진다. 그러나 약한 쇠는 휘어지지만 부러지지 않는다. 쇠는 강한 쇠가 강한 게 아니라 약하고 휘어지는 쇠가 강한 것이다. 강한 목회는 밟는 사람이 있어도 휘어지지 않지만 강하게 밟히면 버티다, 버티다 결국 부러지고 만다. 나는 목회할 때 밟는 사람이 있으면 약한 쇠가 되어 구부러진다. 그리고 시간이 지나면 아무도 모르게 다시 펴고 일을 진행해 나간다.

대개 휘어지는 쇠처럼 부드럽게 목회하는 목사님들은 은퇴할 때 좋은 은퇴를 하실 수 있다. 그러나 강하게 목회하던 목사님들은 은퇴할 때 어려움을 겪는 경우가 많다. 아무리 밟아도 제왕처럼 끄떡없이 강하게 목회했는데 은퇴할 때 레임덕 현상이 나타난다. 그동안 힘에 밀려 잠재해 있던 불만들이 표출되면서 은퇴를 어렵게 만드는 것이다.

스펀지 목회

두 번째는 스펀지 목회이다. 손주들이 어리니까 어린이 프로그램을 같이 시청할 때가 있다. 재미있는 프로그램 중 스펀지 밥이라는 애니메이션 이야기가 나온다. 손주들과 같이 스펀지 밥을 보면서 맞아! 스펀지 밥처럼 목회해야지! 스펀지 밥은 노란색을 띤 네모난 모습으로 숭숭 구멍 난 몸체에 팔다리가 달려 있고 앞니 두 개가 돌출되어 있다. 네모난 바지를 착용하며 줄무늬 양말을 신고 걷거나 움직일 때마다 빽빽 소리가 난다. 몸체가 산산조각이 나거나 팔다리가 뜯어져도 쉽게 복원된다. 무거운 것이 몸 전체를 덮어 납작하게 되어도 다시 복원된다.

내가 스펀지 밥에서 목회를 생각한 것을 보면 역시 직업은 속일 수 없나 보다. 스펀지는 쇠나 유리처럼 강하지는 않지만 깨지지는 않는다. 강한 유리처럼 안 들어가려고 납작해지지 않으려고 버티면 결국 산산조각 깨어져 다시는 복원할 수 없게 된다. 그러나 스펀지는 물건이 떨어지면 푹 들어가고 무거운 것에 눌리면 납작해진다. 그러나 찢어지거나 깨지지 않고 다시 같은 모양으로 복원된다. 목회는 스펀지처럼 해야 한다. 무거운 것이 떨어지면 안 들어가려고 발버둥 치는 게 아니라 잠깐 푹 들어간다. 몸 전체가 산산조각이 나는 것 같은 아픔이 있어도 그대로 수용한다. 그리고 관심의 초점이 흐려졌을 때 기회를 봐서 서서히 다시 복원시킨다. 용수철처럼 빨리 복원되려고 하지 않는다. 스펀지처럼 눈에 보이지 않게 천천히 복원된다. 나는 문제가 있을 때 스펀지처럼 조용히 들어가고 납작 엎드린다. 그리고 기회를 봐서 아무도 모르게 다시 복원시키고 다시 일을 진행해 나간다.

물 목회

셋째는 물 목회이다. 물은 흘러가다가 장해물이 있으면 잠시 멈추지만 아주 멈추진 않는다. 기다리면 결국 물이 모이고 넘치면 다시 내려간다. 억지로 뚫어서 내려보내려면 많은 수고와 비용이 들지만 모아질 때까지 기다리면 쉽게 흘러갈 수 있다. 목회도 마찬가지다. 어려운 일에 부딪히면 금방 뚫고 나가려 하지 않는다. 인내하며 때를 기다리면 틀림없이 때가 온다. 그런데 기다리지 못하고 고집부리며 억지로 하면 결국 부작용이 생기는 것이다.

배가 모래사장에 놓여 있다. 바닷물이 썰물이라서 다 빠져나갔기 때문에 모래 위에 놓여 있는 것이다. 그런데 주인에게 배가 쓸 일이 생겼고 배를 바다에 띄우려고 한다. 주인은 동네 사람들을 불러 바닷물이 있는 곳까지 끌고 가려고 했다. 그런데 너무 무거워 조금씩밖에 움직이지 않았다. 돈을 더 주고 더 많은 동네 사람들을 모아 배를 끌고 가려했지만 바닷물이 있는 곳까지 반도 가지 못했다. 그런데 얼마 후 밀물 시간이 되자 물이 들어오기 시작했다. 배 있는 그곳까지 물이 들어오자 어렵게 움직이던 배가 물 위에 둥둥 뜨는 것이다. 주인이 밀물 들어올 때까지 기다렸다면 많은 돈을 들여 동네 사람들을 모으지 않아도 되었을 것이다. 조금만 기다리면 되는데 그동안을 못 참은 것이다. 인내하면서 기다릴 줄 아는 사람이 목회에 성공할 수 있다.

01

정관 개정

10년 전에 있었던 일이다. 교회 정관이 너무 허술해서 정관을 개정하고 보완하기 위해 당회에서 정관개정위원회를 조직했다. 나는 앞으로 10년 후를 내다보며 후임이 조금이라도 편하게 목회할 수 있는 정관을 만들기를 원했다. 그중에서 핵심이 바로 장로 은퇴 문제였다. 내가 목회하는 동안에는 개척한 목사님이라는 이점이 있어 당회를 당회장 중심으로 수월하게 이끌어 갈 수 있다. 그러나 후임은 다르다. 어떻게 보면 주객이 바뀐다고 할 수 있다. 당회장 목사보다는 장로들 중심으로 당회가 운영될 가능성이 많다.

다는 아니지만 부흥하는 교회들은 담임 목사님 중심으로 장로님들이 협력할 때 가능하다. 당회가 목회자 중심이 아닌 장로님 중심으로 운영되는 교회는 침체되는 경우가 많다. 그래서 교회 정관에 장로에 대해 두 가지를 넣으려고 했다. 물론 대한 예수교 장로회 헌법에는 위배되지만 후임과 교회 부흥을 위해 교회 정관으로 만들어 시행하려고 했다.

02

장로 안식년제

첫째는 장로 안식년제이다. 임직한 후 칠 년째 되는 해에 일 년 동안 안식년을 가지는 것이다. 일 년 동안 모든 활동을 중단하고 자신을 돌아보면서 재충전의 기회를 갖게 하자는 취지다. 교회에서는 안식년 기간 동안 성지 순례 하실 수 있도록 재정적으로 지원하고 안식년 동안 다른 교회에 출석해도 된다. 남현교회 지교회나 다른 개척 교회에 가서 봉사하든지 큰 교회에 가서 배우는 기회를 갖는다. 그리고 일년 후 당회에 안식년 보고서를 올려야 한다. 안식년 제도는 수고하신 장로님들에 대한 배려 차원이 크다. 그러나 오랫동안 중직에 있다 보면 내가 아니면 안 된다는 생각을 가지기 쉽다. 안식년 제도는 나 아니면 안 된다는 잘못된 편견을 고칠 기회가 된다. 내가 사역을 쉬고 있는 안식년 기간 동안 나 없이도 교회가 잘 운영되기 때문이다. 장로가 몇 명 안 되는 교회는 어렵지만 남현교회처럼 시무 장로, 협동 장로, 은퇴 장로 합해서 사십 명 이상 되는 교회는 가능하다.

03

장로 정년

　후임 목사 중심으로 목회하려면 장로 은퇴 나이를 조정하는 것이 좋겠다고 생각했다. 장로 중 일부는 나이가 많으면 사회적으로 모든 활동을 중단하고 시간이 남는다. 그 남은 시간을 교회에 헌신하는데 문제는 자신의 수준에서 헌신하는 것이다. 시대는 급변하는데 구시대 사고방식이 그대로 남아 새로운 변화를 허용하지 않는 경우가 많다. 담임 목사가 새롭게 부임하여 새로운 목회를 원해도 지금까지 해오던 기존의 틀을 붙잡고 놓지 않는다. 성경 말씀은 영원히 변하지 않는다. 그러나 교회 운영은 시대에 따라 변해야 앞으로 나갈 수 있다. 그런데 사사건건 담임 목사의 발목을 잡고 앞으로 나가지 못 하게 하면 교회 부흥은 어려워진다.

　장로가 교회 일에 너무 열심히 관여해도 목회자를 어렵게 하는 경우가 많다. 목회는 목사에게 맡겨야 하는데 목회 분야까지 관심을 너무 많이 가지는 것은 유익하지 않다. 장로가 사회적으로 바쁠 때는 교회 일에 관여하기가 쉽지 않다. 그러나 육십오 세가 넘으면 사회적인 일을 중단하고 교회

일에만 관심을 가질 수 있는 나이다. 그래서 장로 은퇴 나이를 육십오 세로 하는 것이 어떨지 생각했다. 그러나 육십오 세에 완전히 은퇴하는 것은 아니다. 육십오 세부터 칠십 세까지는 사역 장로로서 사역에는 참여하지만 정책 당회 때만 불참하는 것으로 했고 정식 은퇴는 칠십 세에 하도록 했다.

정관개정위원회 통과가 어려웠고 당회 통과는 더욱 힘들었다. 당회에서 당위성과 유익성에 관해 설명했을 때 찬성하는 장로님들이 많았지만 몇 명의 장로님들이 반대했다. 개정위원회 통과하는데 삼 년, 당회 통과하는데 이 년 합해서 오 년이 걸렸다. 오 년 동안 얼마나 밀고 당기기를 많이 했는지 헤아릴 수 없다. 반대편에서 강하게 나오면 뒤로 빠졌다가 다시 하기를 반복했고 개인적으로 설득하고 또 설득해서 오 년 만에 통과했다. 약한 쇠처럼 강하게 밟으면 휘어졌고 스폰지처럼 무겁게 누르면 푹들어갔다. 그리고 물이 모아질 때까지 기다렸다가 다시 흘러가게 했다.

그러나 어렵게 통과시킨 정관을 은퇴하기 전 원위치시켰다. 장로 안식년 제도와 사역 장로 제도를 헌법에 나와 있는 대로 칠십 세 정년으로 돌려놓은 것이다. 교회가 대형 교회로 성장하면서 장로 임직받기가 어려워졌고 더구나 오십 세가 되기 전에 장로로 임직을 받는 것은 하늘의 별 따는 것같이 어려워졌다. 오십대 후반에서 육십대 중반은 되어야 임직을 받는데 육십오 세에 사역 장로가 되면 시무 장로 기간이 너무 짧다. 그리고 육십오 세가 넘으면 시무 장로로 임직받는 것이 불가능해진다. 교회는 너무 목사 중심이 되어서도 장로 중심이 되어서도 안 된다. 육십오 세 사역 장로

제도는 너무 목사 중심으로 만들어졌고 현시대에 맞지 않기 때문에 폐기한 것이다.

04

목사님 마음대로

오래전 당회에서 장로님 한 분이 이런 말을 했다. "목사님! 지금까지 모든 일을 목사님 마음대로 하셨습니다." 그래서 내가 물었다 "장로님! 지금까지 장로님들 의견도 들어보지 않고 내 마음대로 일방적으로 결정한 적이 있나요? 우리 당회는 어떤 당회보다 민주주의적이라 생각합니다. 모든 장로님이 위원장을 맡았고 당회 때마다 한 분 한 분 보고하게 했습니다. 당회가 장로님 몇 분만 발언하고 다른 분들은 기회도 없이 끝나면 안 된다고 생각했습니다. 모든 장로님이 충분히 대화하고 협의해서 결정해야 한다고 생각했습니다. 당회 시간이 길어지고 협의가 힘들어도 인내하면서 결정해 왔습니다. 그런데 내가 마치 독재라도 한 것처럼 말씀하시니 민망합니다. 그러나 장로님들이 그렇게 생각할 정도로 내 마음대로 목회를 했다면 정말 죄송합니다."

그러자 장로님이 말씀하셨다. "목사님! 물론 발언도 많이 하게 해주셨고 협의도 하게 하셨지만 결국 목사님 뜻대로 다 되었잖아요. 장로님! 그러면

제 뜻대로 결정해서 우리 교회 잘못된 적이 있나요? 우리 남현교회가 부흥된 것은 목회자 중심으로 마음껏 목회할 수 있도록 장로님들이 협력해 주셨기 때문입니다. 나는 장로님들을 무시하거나 가볍게 여기지 않았고 늘 존경하고 사랑해 왔습니다. 앞으로 장로님들의 의견을 더 많이 반영하도록 힘쓰겠습니다."

내가 부교역자였을 때는 성도들에게 군림하는 목사를 능력 있는 목사로 봤다. 능력 있는 목사는 당회를 할 때 마치 군대 사단장이 예하 부대 부대장을 모아놓고 회의하는 것처럼 일사불란하게 움직인다. 목사의 말은 하나님의 말씀과 동등시되기 때문에 거부하거나 반대할 수 없다. 담임 목사는 실수해도 실수한 것을 인정하면 안 되고 사과해서도 안 된다. 권위가 떨어져 목회가 힘들어진다고 생각했다.

어쩌면 신적인 절대적인 존재로 일사불란하게 움직이는 목사가 성공한 목사라 생각한 것이다. 심지어 어떤 목사는 당회에서 장로들은 부동자세로 앉아 있어야 하고 교역자 회의 때도 부교역자들이 부동자세로 있어야 한다. 밖으로 나갈 때는 조폭들이 늘어서서 인사하듯이 양옆으로 줄을 서서 90도로 인사해야 한다. 이런 목사를 훌륭한 목사 성공한 목사로 인정했다.

그러나 나는 처음 목회할 때부터 그렇게 하지 않았다. 내 마음대로 하는 목회가 성공한 목회라 생각하지 않았다. 장로도 성도도 내가 섬김 받을 대상이 아니라 섬길 대상으로 봤다. 어떻게 하면 장로님들을 잘 섬기고 예우할까 생각하며 목회했다. 나는 나 자신도 한 명의 성도라 생각했다. 잘못한 일이 있을 때는 죄송합니다. 내가 잘못했습니다. 내가 실수했습니다. 스스럼없이 사과했다. 목사의 권위는 직분이나 물리적인 권위가 아니라 섬김의 권위에 있는 것이다. 우리 교인들이 이런 말을 한다. 우리 목사님은 다 양보하는 것 같고 일을 추진하지 못하는 것 같은데 하고 싶은 대로 다 하신다. 아무 소리 없어서 보면 벌써 일이 다 끝나 있다. 내가 꼭 해야 하는 일이 있을 때는 서두르지 않고 인내를 가지고 진행해 나간다. 비결은 앞서 말한 '쇠 목회', '스펀지 목회', '물 목회'를 했기 때문이다. 내가 억지로 했다면 많이 부딪쳤을 것이다. 그리고 목회가 힘들었을 것이다. 기다리는 목회를 하니까 사십 년 동안 한 번도 당회에서 얼굴을 붉히거나 화를 내지 않았고 성도들에게도 화난 얼굴을 보인 적이 없다. 그러나 내가 하나님 앞에서 옳다고 생각하고 계획한 일은 일 년이 걸리든 이 년이 걸리든 개의치 않고 될 때까지 기다리며 진행했다.

 강함이 처음에는 이기는 것 같지만 결국 부드러움이 이긴다. 목적 성취를 위해 서두를 필요가 없다. 오늘 못하면 내일하고 내일 못하면 모래 하면 된다. 열심히 했지만 안 되는 일도 있고, 또 성공적으로 잘 되는 일도 있다. 예수님이 오시기까지 열심히 하는 그 자체가 중요하다. 하나님은 나의 성과를 보시지 않고 나의 성실함을 보신다.